Elizabeth Clare Prophet

Karma in der Praxis

KARMA
IN DER PRAXIS

Die Zukunft gestalten

ELIZABETH CLARE PROPHET
und PATRICIA R. SPADARO

Aus dem Amerikanischen
von Andrea Fischer

/////////////// SILBERSCHNUR ///////////////

Copyright © 2001 SUMMIT UNIVERSITY PRESS. All Rights reserved.

This book was originally published in English and printed in the U.S.A. This German edition is published under the terms of a License Agreement between Verlag „Die Silberschnur" and Summit University Press.

Contact:
Summit University Press
63 Summit Way, Gardiner, Montana 59030
Tel.: 406-848-9500 – Fax: 406-848-9555
E-mail: info@summituniversitypress.com
Website: http://www.summituniversitypress.com

Originaltitel: *Karma and Reincarnation* from the Pocket Guides to Practical Spirituality Series by Elizabeth Clare Prophet and Patricia R. Spadaro

Kein Teil dieses Werkes darf nachproduziert, übersetzt, elektronisch gespeichert, versandt oder übertragen oder in irgendeinem anderen Format oder Medium verwandt werden ohne vorherige schriftliche Genehmigung von SUMMIT UNIVERSITY PRESS. Ausgenommen von dieser Regelung sind lediglich Rezensenten, die kurze Passagen in den Rezensionen zitieren dürfen.

Summit University Press und ☙ sind eingetragene Warenzeichen beim U.S. Patent and Trademark Office und in anderen Ländern. Alle Rechte vorbehalten.

Copyright © der deutschen Ausgabe Verlag „Die Silberschnur" GmbH

Alle Rechte der deutschen Ausgabe vorbehalten.

ISBN: 978-3-89845-060-7

1. Auflage 2004	3. Auflage 2006
2. Auflage 2005	4. Auflage 2008

Gestaltung & Satz: XPresentation, Boppard
Druck: Finidr, s.r.o. Cesky Tesin, Tschech. Rep.

Verlag „Die Silberschnur" GmbH · Steinstraße 1 · D-56593 Güllesheim

www.silberschnur.de | E-Mail: info@silberschnur.de

Inhalt

Karmische Rätsel   9
Ein Wink der Natur   12

1. Karmische Gesetze   17

Das Universalgesetz der Liebe   19
Glaube ohne Grenzen   23
Karma in der Bibel   26
Lehrte Jesus die Reinkarnation?   31
Reinkarnation im frühen Christentum   37
West trifft Ost   43
Schlagkräftige Beweise   48
Kindermund tut Wahrheit kund   56
Der große Schöpferplan   66
Eine Energiegleichung   71
Karmische Folgen   75
Die Quelle unserer Begabung   81

2. Karmische Fäden   87

Karmische Zyklen   89
Gruppenkarma   92
Die zweite Chance   97

Das Leben zwischen den Leben	102
Familienbande	108
Karma und Adoption	115
Seelenpartner und Zwillingsflammen	119
Karmische Partnerschaften	128
Gefangener der Liebe	132
Nicht jede Beziehung ist „gesund"	141

3. KARMISCHE FALLSTRICKE — 145

Der Kelch des Vergessens	147
Karma ist nicht gleich Schicksal	152
Mit Vollgas ins Abseits	156
„Ungerechtes" Schicksal? – Der tiefere Sinn	160
Nicht alles ist karmisch bedingt	166
Der Aufstieg der Seele	172

4. KARMISCHE WANDLUNGEN — 181

Von höherer Warte betrachtet	183
Die Kanäle öffnen	191
Auf göttliche, nicht menschliche Signale reagieren	202
Das Zusammenspiel zwischen Karma und unserem Seelenleben	207

Die Rolle des Mitgefühls	213
Das Gold im Schlamm	221
Die Gnade unseres positiven Karmas	226
Aufruf zur Eigeninitiative	235
Der Sternenatlas unseres Karmas	240
Die Macht von Herz und Hand	243
Formen mentaler Matrix	249
Spirituelle Alchemie	253
Ein heiliges Feuer	259
Gebete und Affirmationen	265
Anmerkungen	277
Über die Autorinnen	282

Hinweis: Da die geschlechtsneutrale Sprache nicht nur unhandlich, sondern oft auch verwirrend ist, haben wir uns dazu entschlossen, uns im folgenden Text mit Er auf Gott oder das menschliche Individuum zu beziehen. Natürlich soll dies keinesfalls das weibliche Geschlecht oder den femininen Aspekt des Göttlichen ausschließen, sondern lediglich die Lesbarkeit des Texts erleichtern. Auch das Wort Gott oder Geist schließt andere Ausdrücke des Göttlichen keineswegs aus.
Die Namen von Personen wurden abgeändert.

Karmische Rätsel

„Das Wort 'Schicksal' macht keinen Sinn.
Alles hat seine Ursache."

Voltaire

Das Wort Karma ist „in". Man denke nur an Sticker mit der Aufschrift „My karma ran over your dogma"* oder „Ich weiß, es ist ein undankbarer Job, aber ich habe noch jede Menge Karma abzuarbeiten". Doch nicht jedermann versteht die wahre Bedeutung von Karma, warum es so wichtig ist, und wie man damit umgehen kann.

Denken Sie an die Talente, die Ihnen in die Wiege gelegt wurden, und an all die schönen Dinge, die Sie in Ihrem Leben erlebt haben. Erinnern Sie sich an die so genannten Begrenzungen und Herausforderungen, auf die Sie gestoßen sind. Beides hat mit Ihrem Karma zu tun. Karma bedeutet ganz einfach, dass all das, was uns in der Gegenwart

---

*„Mein Karma war schneller als dein Dogma." Hier wird auf das Auto (Car) angespielt, das den Hund (Dog) überfährt. Gemeint ist, dass das überraschend heranrollende Karma all unsere Dogmen schlichtweg überrollt (Anm. d. Übers.)

passiert, die Folge von Ursachen ist, die wir selbst in der Vergangenheit gesetzt haben – sei es vor zehn Minuten oder vor zehn Leben.

Wir alle sind mit karmischen Lehren groß geworden. Wir nannten es nur nicht so. Stattdessen mussten wir uns anhören: „Was in der Luft liegt, passiert auch." – „Wie man sät, so erntet man." – „Aktion gleich Reaktion." – „Wie man selbst liebt, so wird man auch geliebt." In einem Satz zusammengefasst: Ganz gleich, was wir tun, Karma ist wie ein Bumerang, der immer wieder direkt vor unseren Füßen landet – irgendwann, irgendwo.

Karma und Reinkarnation gehen Hand in Hand. Während Karma berechenbar ist und gleichsam als „Quittung" betrachtet werden kann, ist der Begriff Reinkarnation nur eine andere Umschreibung für „Chance". Die Reinkarnation bietet uns Gelegenheit, unser karmisches Schuldenkonto auszugleichen, das wir bei anderen haben, und die Wunden, die wir anderen zugefügt haben, auch einmal selbst zu spüren. Die Reinkarnation bietet uns Gelegenheit, unser karmisches Schuldenkonto auszugleichen, das wir bei anderen haben, und den Segen, den wir verbreitet haben, dann auch selbst zu ernten.

Karmische Rätsel

Karma und Reinkarnation können auch eine Antwort auf Fragestellungen in unserem Leben sein, wie: „Warum ich? Warum nicht ich? Warum ist meine Nichte mit dem Down-Syndrom geboren, und ihre Geschwister sind gesund und munter? Warum werde ich mit einer Beförderung nach der anderen beglückt, während mein Bruder keinen einzigen Job lange behält – obwohl wir beide unter denselben Bedingungen aufgewachsen sind? Warum werden all meine Beziehungen zum Tauziehen – wie kommt es, dass ich nicht mit ihm leben kann, aber auch nicht ohne ihn? Warum muss ich in dem Moment, in dem ich endlich den Job bekommen habe, hinter dem ich nun schon ein Jahr lang her bin, hier wegziehen, um mich um meine kranken Eltern zu kümmern? Warum überlebte ich den Autounfall, und all meine Freunde, die mit im Wagen saßen, sind tot?"

Das Leben ist voll von Paradoxa und Situationen wie diesen. Wie im ZEN ist jedes Paradoxon dazu da, unseren Blick noch tiefer gehen zu lassen, uns mit unserer inneren Seele zu verbinden und das karmische Rätsel zu lösen.

Ein Wink der Natur

„Hol' die Dinge ans Licht,
Lass' die Natur dein Lehrer sein."
William Wordsworth

Manchmal scheint es, als seien die einzigen verlässlichen Pfeiler des Lebens die Jahreszeiten in ihrem ewigen Kreislauf. Egal, was auch passiert, wir wissen, dass das Aufkeimen neuen Lebens im Frühling der Vorbote einer prachtvollen Sommerblüte ist.

Die Fülle der Herbsternte macht dem Winter Platz, in dem die Natur für einen weiteren Neuanfang frische Kräfte sammelt.

Viele Weise haben schon die Kreisläufe der Natur betrachtet, um die Zyklen der Seele zu verstehen. „Sogar die Jahreszeiten bilden in ihrem Wandel einen großen Kreis und enden stets an ihrem Ursprung. Das menschliche Leben zieht seinen Kreis von Kindheit zu Kindheit, und so ist es überall, wo Kräfte walten", sagte der heilige Medizinmann der Sioux, Black Elk. Der französische Philosoph und

Schriftsteller Voltaire sagte es mit folgenden Worten: „Die Wiedergeburt ist nichts Verwunderlicheres als die Geburt selbst. Alles in der Natur erfährt seine Auferstehung."

Karma und Reinkarnation lehren uns, dass unsere Seele, gemäß dem Muster von Mutter Natur, den Weg von Geburt, Reife und Tod geht und dann die neue Chance der Wiedergeburt ergreift. Sie lehren uns, dass wir Teil eines fließenden Bewusstseinsstromes sind, und dass sich unsere Seele durch viele Lebenserfahrungen immer höher entwickelt. Karma und Reinkarnation erklären, dass unsere Seele, genau wie der legendäre Phönix, in der Tat aus der Asche unserer früheren Leben emporsteigt, um wiedergeboren zu werden, und dass unsere früheren Leben die Samen für unser neues Leben tragen. Mit anderen Worten, all das, was wir heute sind, haben wir im Lauf von Tausenden von Jahren aufgebaut.

Die natürlichen Zyklen von Karma und Reinkarnation können uns Erklärungen bieten, warum wir zu dem geworden sind, was wir heute sind, und was wir daraus machen können. Sie können uns Erklärung sein, warum wir mit einer bestimmten Palette an Fähigkeiten und Talenten, Krisen und Herausforderungen, Missionen und Zielen geboren sind. Sie können uns im Umgang mit Fragen, die uns in Momenten der Verzweiflung überfallen, eine Hilfe sein: „Warum wurde ich bei diesen Eltern geboren? Warum musste ich solche Kinder bekommen? Warum bin ich wasserscheu, warum habe ich Höhenangst? Warum bin ich hier?"

Eines der ältesten Symbole für die Wiedergeburt, die Verjüngung und die Unsterblichkeit ist der Phönix. Der Phönix-Legende begegnen wir in verschiedenen Versionen im alten Ägypten, in Griechenland, China, Japan, Irland, Persien, in der alten Türkei und in christlichen Schriftzeugnissen.

Laut Legende ist der Phönix der einzige seiner Art. Wenn sein Ende naht – dies ist alle 500 Jahre der Fall –, baut er sich selbst einen Horst aus Kräutern. Dieses Nest wird von der Sonne oder dem Phönix selbst entzündet, während er mit den Flügeln schlägt und Luft zufächelt, und der Vogel wird von den Flammen verschlungen. Aus seiner Asche steigt ein junger, kraftvoller Phönix. Eine Version der Legende erklärt, dass in der Asche ein einziger glühender Funke als Symbol für den unsterblichen

Ein Wink der Natur

Geist weiterglüht, aus dem neues Leben entfacht wird.

Spirituell betrachtet, symbolisiert die Wiedergeburt des Phönix aus den lodernden Flammen die Prüfungen und die

Reinkarnation der Seele. Durch die manchmal heftigen Versuchungen und Traumata des Lebens wird die Seele gereinigt und geläutert, sodass sie stets höhere Ebenen des Bewusstseins erklimmen kann.

In diesem Buch werden wir die dem Karma und der Reinkarnation zugrunde liegenden Prinzipien sowie ihre praktischen Aspekte beleuchten: Wie der Glaube an die Reinkarnation sich über viele Jahrhunderte und Kulturen hinweg über Ost und West erstreckt. Warum Karma der Faktor X in unseren Beziehungen, bei unserer Gesundheit und Karriere – bei einfach jedem Aspekt in unserem Leben ist. Warum Karma nicht Schicksal ist.

Wie Karma funktioniert. Wie wir die Fäden des Karmas, die wir Leben für Leben gesponnen haben, zurückverfolgen können.

Wir werden auch die Fallen aufdecken, die uns davon abhalten, unser Karma aufzuarbeiten und von unseren Übergangsriten voll zu profitieren. Schließlich werden wir einige Hilfsinstrumente und Techniken vermitteln, um unsere karmischen Begegnungen zur großen Gelegenheit umzuwandeln, unsere Zukunft so zu formen, wie wir sie uns wünschen. Ob Sie nun an Karma und Reinkarnation glauben oder nicht: Dieses Buch bietet Ihnen neue Wege, die größten Widersprüche im Leben zu betrachten – und seine Verheißungen.

KAPITEL 1

Karmische Gesetze

„Ich hatte das Gefühl, ein historisches Fragment zu sein, ein Exzerpt, bei dem der vorausgehende und nachfolgende Text fehlte... Ich konnte mir schon vorstellen, zu früheren Zeiten gelebt zu haben und dort auf Fragen gestoßen zu sein, die ich noch nicht beantworten konnte; dass ich nochmals neu geboren werden müsste, weil ich die Aufgabe, die mir übertragen war, noch nicht erfüllt hatte."

C. G. Jung

Das Universalgesetz der Liebe

„Gibt es eine Maxime, nach der man sein ganzes Leben lang leben sollte? Diese ist sicherlich die Goldene Regel von der Nächstenliebe: Was du nicht willst, dass man dir tu', das füg' auch keinem andern zu."

Konfuzius

Karma beginnt dort, wo die Goldene Regel aufhört. „Was du nicht willst, dass man dir tu', das füg' auch keinem andern zu – weil es dir eines Tages sonst selbst so ergehen wird." Das Sanskrit-Wort „Karma" bedeutet „Tun", „Handeln", „Wort" oder „Tat". Das karmische Gesetz, so, wie es traditionell gelehrt wird, besagt, dass unsere Gedanken, Worte und Taten – positiver und negativer Art – eine Kette von Ursache und Wirkung auslösen, und dass wir selbst die Auswirkungen jeder Ursache erfahren werden, die wir in Gang gesetzt haben. Karma ist daher unser größter Gönner, weil es uns die guten Dinge, die wir

1. Karmische Gesetze

anderen zukommen lassen, wieder zurückgibt. Karma ist auch unser größter Lehrmeister, weil es uns aus unseren Fehlern lernen lässt.

Da durch das Gesetz des Karmas alles zu uns zurückkehrt, was wir als Gedanken, Worte oder Taten in Umlauf gesetzt haben, betrachten es manche Menschen als Strafe. So ist es nicht. Das Gesetz des Karmas ist das Gesetz der Liebe. Nichts ist stärker als die Liebe, die uns die Gelegenheit gibt, die Auswirkungen unseres Handelns – oder unseres Nicht-Handelns – zu verstehen, sodass unsere Seele wachsen kann. Karma lehrt uns, zu lieben, zu lieben und nochmals zu lieben, so, wie dies kein anderer Prozess bewirken könnte. Karma schenkt uns Hoffnung.

Nehmen wir beispielsweise den tragischen Absturz der Avianca 052. Nach einem langen Flug von Kolumbien unternahm sie einen Landeanflug auf den John F. Kennedy International Airport. Die Flugwacht und das schlechte Wetter bewirkten eine Landeverzögerung von einer Stunde und siebzehn Minuten. Der Maschine ging der Sprit aus und sie krachte in einen Hügel in Cove Neck, New York. 73 Menschen kamen ums Leben, 85 wurden verletzt.

Die staatliche Transportsicherheitswacht sagte, dass die unangemessene Flugverkehrsregelung sowie Missverständnisse bei der Kommunikation mit zu dem Unfall beigetragen hätten. Die Crew hatte die Treibstoff-Notsituation nicht mitgeteilt, was sonst eine frühzeitigere Landeerlaubnis bewirkt hätte. Der Mitschnitt der Cockpit-Gespräche ergab, dass der erste Offizier, der die Aufgabe hatte, mit der Flugwarte zu kommunizieren, dem Kontrollturm zwar mitgeteilt hatte, dass das Flugzeug nur noch wenig Treibstoff an Bord hatte, benutzte jedoch nie das Wort „Notfall", obwohl der Pilot es ihm aufgetragen hatte.

Karmisch betrachtet war der erste Offizier zumindest zum Teil für die Toten und Verletzten an Bord mitverantwortlich. Wie sollte er, nachdem er bei dem Absturz selbst ums Leben gekommen war, nun seine Schuld gegenüber den Menschen begleichen können, die durch seine Nachlässigkeit zu Schaden gekommen waren? Würde Gott ihn zur Hölle schicken?

Analog dem Gesetz von Ursache und Wirkung, dem Gesetz des Karmas, hier ein denkbares Szenario: Man wird ihm gnädigerweise erlauben, wieder

1. Karmische Gesetze

zu reinkarnieren und ihm Gelegenheit bieten, durch seine Arbeit denjenigen zu dienen, die leiden mussten. Die Passagiere, deren Schicksal in diesem Leben vielleicht durch diesen Unfall abgekürzt worden war, werden eine neue Gelegenheit bekommen, ihre Seelenreise in einem weiteren Leben zu Ende zu führen.

Ein einziges Leben, ob es nun neun oder neunundneunzig Jahre umfasst, ist für die Seele nie lang genug, um ihre karmischen Schulden abzuarbeiten, ihr großes Potenzial auszuschöpfen oder ihre Daseinsaufgabe zu erfüllen. Wie können wir denn dann in einem einzigen Leben all unsere spirituellen Lektionen lernen oder all unsere einzigartigen Talente auf der Bühne des Lebens mit anderen teilen?

Glaube ohne Grenzen

> *"Die erstaunlichste Tatsache in Zusammenhang mit der Doktrin der wiederholten Inkarnationen der Seele ist auf den ersten Blick ... das beständige Auftauchen dieses Glaubens in allen Erdteilen ... Der Einfluss keiner anderen Doktrin auf die Menschheit ist derart verbreitet, anhaltend und übt solch starke Kontrolle aus."*
>
> Reverend William R. Alger

Der Glaube an Karma und Reinkarnation durchquert Raum und Zeit und ist in vielen – alten wie modernen – Kulturen beheimatet. Die am detailliertesten ausgearbeiteten Vorstellungen über Karma und Reinkarnation finden sich in den religiösen Traditionen Indiens, speziell im Hinduismus, Buddhismus, Jainismus und bei den Sikhs.

Diese Traditionen erklären, dass die Seele das Gute wie das Böse erntet, das sie in früheren Leben gesät hat. "Wie der Landwirt eine bestimmte Saat ausgebracht hat und daher auch eine bestimmte Ernte einfährt, so ist es auch mit guten und bösen

1. Karmische Gesetze

Taten", erklärt die Mahabharata, das große Epos der Hindus. Die Dhammapada, eine Sammlung von Aussprüchen Buddhas, berichtet: „Was wir heute sind, stammt von unseren Gedanken von gestern... Spricht oder handelt der Mensch mit unreinem Sinn, so verfolgt ihn das Leid wie das Wagenrad dem Tier folgt, das den Wagen zieht... Spricht oder handelt der Mensch mit reinem Sinn, folgt ihm die Freude wie ein Schatten."

Obwohl diese Tatsache den meisten Menschen im Westen nicht geläufig ist, war die Reinkarnation vor der Christianisierung Inhalt des spirituellen Glaubens vieler Völker Europas, wie beispielsweise der Teutonen, der Finnen, der Isländer, der Lappländer, der Norweger, der Schweden, der Dänen, der frühen Sachsen und der Kelten Irlands, Schottlands, Englands und Britanniens, Galliens und Wales. Die Waliser behaupten, dass es die Kelten waren, die den Glauben an die Reinkarnation ursprünglich nach Indien gebracht hatten.

Im alten Griechenland glaubten sowohl Pythagoras als auch Platon an die Reinkarnation. Pythagoras lehrte, dass die vielen Verkörperungen der Seele Gelegenheiten zur Reinigung und

Perfektionierung für sie darstellten. Einige Eingeborenen Nordamerikas sowie viele Indianerstämme in Zentral- und Südamerika glaubten schon immer an die Reinkarnation. Heute existiert dieser Glaube sowohl bei über einhundert Stämmen Afrikas, als auch bei den Eskimos und den Ureinwohnern Mittelaustraliens, aber auch bei vielen Völkern des Pazifiks, u. a. auf Tahiti, bei den Melanesen und den Okinawa.

Wie steht es hier mit der jüdisch-christlichen Tradition? Das Gesetz des Karmas als Gesetz von Ursache und Wirkung ist in dieser Tradition tief verwurzelt. Laut einigen Gelehrten weisen Aussagen des jüdischen Historikers Josephus aus dem ersten Jahrhundert darauf hin, dass Pharisäer und Essener an die Reinkarnation glaubten. Wir wissen, dass Philo, der große jüdische Philosoph und Zeitgenosse Jesu, die Reinkarnation lehrte. Der Kirchenvater des dritten nachchristlichen Jahrhunderts, Origen von Alexandria, erwähnte, dass die Reinkarnation zur Mysterienlehre der Juden gehörte.

Darüber hinaus wurde und wird die Reinkarnation von Schülern der Kabbalah gelehrt, einem System des jüdischen Mystizismus, das seine

1. Karmische Gesetze

Hochblüte im 13. Jahrhundert hatte und heute eine Renaissance erlebt. Reinkarnation ist auch Teil des religiösen Glaubens der jüdischen Hasedein-Bewegung, die im 18. Jahrhundert gegründet wurde.

Schließlich bezeugen die Geschichte selbst sowie alte Manuskripte, die im letzten Jahrhundert gefunden wurden, dass sich der Glaube an die Reinkarnation im frühen Christentum starker Beliebtheit erfreute. Wie wir zeigen werden, verschrieben sich gewisse christliche Gruppierungen im 13. Jahrhundert neben der traditionellen christlichen Glaubenslehre auch öffentlich der Reinkarnationslehre.

 ## Karma in der Bibel

„Wie du getan hast, soll dir wieder geschehen."

Obadja

„Selig sind die Barmherzigen, denn sie werden Barmherzigkeit erlangen."

Jesus

Karma in der Bibel

Obgleich das alte Testament nicht explizit auf die Reinkarnation Bezug nimmt, ist es voll von Geschichten über karmische Gesetze, die Strafe für schädigendes oder falsches Handeln und Belohnung für gutes Handeln fordern. Ein bildhaftes Beispiel stammt aus dem Leben des Königs David. David verliebt sich in Bathseba, die Frau von Uriah, dem Hethiter, und sie bekommt ein Kind von ihm. David entsendet Uriah heimlich an die vorderste Schlachtfront und damit in den sicheren Tod. Daraufhin heiratet er Bathseba.

Gott schickt ihm darauf den Propheten Nathan, der David verkündet, dass er für den Mord an Uriah und die Ehe mit dessen Frau bestraft werden soll. Weil Gott David verziehen hat, so sagt Nathan, wird er David nicht das Leben nehmen, doch als Preis für seine Sünde wird er das Leben des Kindes fordern, das Bathseba geboren hat. Nicht anders als jeder andere von uns hatte David zu lernen, welche Konsequenzen es hat, wenn man einem anderen das Leben nimmt. Die Prüfungen und Herausforderungen, die die Israeliten auf ihrer vierzigjährigen Wanderschaft in der Wüste auf sich nehmen mussten, malen anschaulich das Bild

1. Karmische Gesetze

des Karmas als Bumerang. Als Moses den Berg Sinai mit den beiden Steintafeln hinabstieg, die das Gesetz und die zehn Gebote des Herrn enthielten, entdeckte er, dass die Israeliten ein goldenes Kalb verehrten, das sie den ägyptischen Göttern nachgebildet hatten. Dreitausend Menschen wurden daraufhin mit dem Tod bestraft.

An anderer Stelle fordert Miriam, Moses' Schwester, die Autorität ihres Bruders heraus. Daraufhin bekommt sie Lepra, bis sie durch Moses' unablässige Gebete wieder geheilt wird. Als eine Gruppe von Israeliten unter der Führung von Korah rebellierte, spaltete sich der Erdboden unter ihnen und verschluckte sie samt ihren Familienangehörigen.

Eine der härtesten Lektionen des Karmas musste Moses selbst erfahren. Einmal mehr stellten die Israeliten die Geduld ihres Anführers auf die Probe, als sie ihr Lager an einem Ort ohne Wasserquelle aufschlugen. „Warum mühst du dich ab, um uns aus Ägypten zu führen, wenn wir dann hier in der Wüste verdursten müssen?" Der Herr befiehlt Moses, seinen Stab in die Hand zu nehmen und einen Felsen um Wasser zu bitten. Moses jedoch ist so wütend, dass er nicht zu dem Felsen spricht, sondern zweimal mit seinem Stock darauf schlägt. Das Wasser sprudelt reichlich und stillt den Durst der Menge. Doch Moses war ungehorsam gegen Gott. Die karmische Konsequenz? Tragischerweise wird ihm der Zutritt zum verheißenen Land verwehrt.

Dieses Gesetz von Ursache und Wirkung, das im Alten Testament gelehrt wird, wird von Jesus bekräftigt. Die Bergpredigt ist eine der größten Lektionen über Karma, die man finden kann. Jesus beschreibt darin die mathematische Präzision des Gesetzes der persönlichen Verantwortlichkeit: „Selig sind die Barmherzigen; denn sie werden Barmherzigkeit erlangen... Richtet nicht, auf dass ihr nicht gerichtet werdet. Denn mit welcherlei Gericht ihr richtet, werdet ihr gerichtet werden. Und mit welcherlei Maß ihr messet, wird euch gemessen werden... Alles nun, was ihr wollt, dass euch die Leute tun sollen, das tut ihr ihnen auch! Das ist das Gesetz und die Propheten."

Bei einer anderen Gelegenheit lehrt Jesus, dass wir karmisch für das verantwortlich sind, was wir sagen: „Ich sage euch aber, dass die Menschen müssen Rechenschaft geben am Jüngsten Gericht von einem jeglichen unnützen Wort, das sie geredet

1. Karmische Gesetze

haben. Aus deinen Worten wirst du gerechtfertigt werden, und aus deinen Worten wirst du verdammt werden."

Bei seiner Festnahme wiederholte Jesus das Gesetz der karmischen Vergeltung. Einer seiner Jünger hieb dem Knecht des Hohenpriesters ein Ohr ab. Jesus weist seinen Jünger an, sein Schwert wegzustecken: „Denn wer das Schwert nimmt, soll durchs Schwert umkommen." Jesus heilt daraufhin voll Mitgefühl das Ohr des Mannes, segnet den Knecht und bewahrt so seinen Jünger davor, sich Karma aufzuladen, weil er einen anderen verletzt hat.

Der Apostel Paulus sprach auch über das Gesetz des Karmas, als er sagte: „Ein jeglicher trage seine eigene Last... Irret euch nicht! Gott lässt sich nicht spotten. Denn was der Mensch sät, das wird er ernten... Ein jeglicher erhalte seinen Lohn nach seiner Arbeit."

Lehrte Jesus die Reinkarnation?

„Elia ist schon gekommen, aber sie haben ihn nicht erkannt, sondern haben mit ihm getan, was sie wollten..." Da verstanden die Jünger, dass er von Johannes dem Täufer zu ihnen geredet hatte."

Matthäus 17, 12-13

Jesus lehrte also sehr wohl Karma, wie wir gesehen haben – aber lehrte er auch die Reinkarnation? Sowohl die Bibel als auch andere frühchristliche Texte bieten schlüssige Beweise, dass sowohl er als auch einige seiner Nachfolger die Reinkarnationslehre vertraten.

Das erste Indiz ist die Geschichte über den Mann, der blind geboren war. Als Jesus und seine Jünger an diesem Blinden vorübergingen, fragten ihn seine Jünger: „Meister, wer hat gesündigt, dieser oder seine Eltern, dass er ist blind geboren?" Sie boten zwei mögliche Gründe für seine Blindheit. Sie fragten, ob die Blindheit Folge einer Sünde der Eltern

1. Karmische Gesetze

sei, denn sie kannten das Gesetz des Alten Testamentes, das besagt: „Die Sünden des Vaters sollen auf die Söhne der dritten und vierten Generation kommen." Doch sie fragten auch, ob die Blindheit Folge der Sünden des Mannes selbst sei. Da der Mann ja blind geboren war, war die einzige Möglichkeit, vor seiner Geburt gesündigt zu haben, diejenige, dass er es in einem früheren Leben getan hatte.

Jesus verblüffte sie alle mit seiner Antwort: „Es hat weder dieser gesündigt, noch seine Eltern, sondern es sollen die Werke Gottes offenbar werden an ihm."[1] Weder der Mann selbst noch seine Eltern hatten gesündigt. Aus freiem Willen war er unter dieser Bedingung inkarniert, sodass Jesus ihn heilen konnte – und ihm die Werke Gottes offenbart werden konnten.

Hätte Jesus nicht an Karma oder Reinkarnation geglaubt, wäre dies der Moment gewesen, in dem er diese Doktrine hätte leugnen können, doch er tat es nicht. Tatsächlich gibt es nirgendwo eine Stelle – weder in einem der Evangelien, in den Schriften der Apostel oder im Buch der Offenbarung, noch in anderen christlichen Texten –, die belegen würde, dass Jesus jemals Karma oder Reinkarnation abgelehnt hätte.

In der Tat ist diese Geschichte ein Hinweis darauf, dass Jesus und seine Jünger wiederholt Gespräche über Karma und Reinkarnation führten. Jesus zog die Frage seiner Jünger nicht in Zweifel. Er ging auch nicht auf die Möglichkeiten ein, die sie ihm anboten. Es war für Jesus nicht nötig, in Dingen, die seine Jünger ohnehin wussten, nochmals bei Adam und Eva zu beginnen. Stattdessen benutzte Jesus dies als Gelegenheit, den Beweis zu führen, dass es auch bei den Gesetzen des Universums Ausnahmen gibt, und diese war eine davon.

Ein zweites Beispiel dafür, dass Jesus die Reinkarnation lehrte, ergibt sich, als die Jünger mit ihm den Berg der Verklärung hinabstiegen. Oben auf dem Berg waren ihnen Moses und Elia erschienen, die mit Jesus geredet hatten. Die Jünger fragten Jesus: „Was sagen denn die Schriftgelehrten, zuvor müsse Elia kommen?" Mit anderen Worten: Wenn Elia vor dir kommen soll, was tut er dann im Himmel, und warum haben wir ihn noch nicht hier auf Erden gesehen?

1. Karmische Gesetze

Jesus antwortete: „Elia soll freilich kommen und alles zurechtbringen. Doch ich sage euch: Elia ist schon gekommen, aber sie haben ihn nicht erkannt, sondern haben mit ihm getan, was sie wollten." Im Buch des Matthäus wird daraus die Schlussfolgerung gezogen: „Da verstanden die Jünger, dass er von Johannes dem Täufer zu ihnen geredet hatte."[2] Jesus enthüllte, dass Elia als Johannes der Täufer wiedergeboren war, der tragischerweise ins Gefängnis geworfen und von Herodes enthauptet worden war.

Es war gängiger Glaube unter den Juden zu Jesu Zeiten, dass der Prophet Elia als Vorbote des Messias nochmals auf die Welt kommen werde, wie der Prophet Maleachi verkündet hatte: „Siehe, ich will euch senden den Propheten Elia, ehe der große und schreckliche Tag des Herrn kommt."

Der Gedanke, dass diese Passage den Glauben an die Reinkarnation widerspiegelt, ist nicht erst in unserem Jahrhundert geboren. Die Tatsache, dass der Kirchenvater Jerome im 4. Jahrhundert explizit forderte, dass diese Passage aus dem Matthäus-Evangelium *nicht* als Beweis für die Reinkarnation interpretiert werden solle, zeigt, dass einige

Lehrte Jesus die Reinkarnation?

Christen damals glaubten, dass Jesus und seine Jünger die Reinkarnationslehre akzeptiert hatten oder sich dieser doch zumindest bewusst waren.

Einige Christen sind der Meinung, dass man als Christ nicht an die Reinkarnation glauben sollte, weil die Bibel dazu keine umfassenden Lehren enthält. Würde man dieser Logik folgen, so dürften die Christen auch nicht an die Lehre der Dreifaltigkeit oder an die Ursünde glauben – keines von beidem kommt in der Bibel vor.

Wir wissen auch, dass nicht alle Originalaussprüche der Lehren Jesu bis heute überliefert wurden. Das Buch der Apostelgeschichte sagt, dass Jesus seinen Jüngern nach der Auferstehung vierzig Tage lang „vom Reich Gottes" predigte. Es gibt keinerlei Berichte darüber, was er sagte. Johannes schließt sein Evangelium, indem er uns explizit darauf hinweist: „Und es sind auch viele andere Dinge, die Jesus getan hat. Wenn sie aber sollten eins nach dem andern geschrieben werden, achte ich, die Welt würde die Bücher nicht fassen, die zu schreiben wären."

Außerdem ist es recht plausibel, dass Jesus der Gedanke der Reinkarnation nicht fremd war. In

1. Karmische Gesetze

jenen Tagen mischte sich griechisches Gedankengut unter das jüdische. Viele Wissenschaftler glauben, dass Jesus, wie viele Christen des 1. Jahrhunderts n. Chr. auch, der griechischen Sprache mächtig war und so auch leicht in Kontakt mit griechischen Gedanken kommen konnte. Eine der Hauptströmungen der damaligen Zeit im breiten Gedankenstrom der griechischen Religion war der Glaube an die Reinkarnation.

Der römische Staatsmann Cicero und der große römische Dichter Vergil, die beide etwa um die Zeit Jesu lebten, widmeten sich ebenfalls der Reinkarnationslehre. Vor dem Hintergrund des multikulturellen Klimas von Palästina und angesichts der Handelsstraßen, die in den Osten führten, konnte Jesus auch mit den Reinkarnationsgedanken Indiens in Kontakt gekommen sein.[3] Außerdem gibt es gute Beweise dafür, dass Jesus zwischen seinem zwölften und dreißigsten Lebensjahr Indien persönlich einen Besuch abgestattet hatte, wie ich in meinem Buch „The Lost Years of Jesus" („Die verlorenen Lebensjahre Jesu") dargelegt habe.[4]

Reinkarnation im frühen Christentum

"Jede Seele... kommt in diese Welt gestärkt durch die Siege oder geschwächt durch die Niederlagen ihres früheren Lebens."

Kirchenvater Origen von Alexandria

Kann man Christ sein und zugleich an die Reinkarnation glauben? Heute würde die Mehrheit der Christen diese Frage mit „Nein" beantworten. Nicht so im zweiten Jahrhundert nach Christus.

Das frühe Christentum war extrem vielfältig. In den ersten drei Jahrhunderten dieser neuen Religion bestand die Christengemeinde aus zahlreichen Sekten. Darunter fielen einige Gruppen, die heute generell unter dem Begriff „Gnostiker" bekannt sind. Die Gnostiker beanspruchten für sich, eine fortgeschrittene Lehre zu verkünden, die ihnen von Jesus selbst über seine engsten Schüler heimlich weitergegeben worden war. Sogar unter den Gnostikern gab es unterschiedliche Glaubensansätze und religiöse Praktiken. Einige waren strikte Asketen.

1. Karmische Gesetze

Andere wurden beschuldigt, moralisch ausschweifend zu sein. Einige unterwarfen sich dem Zölibat, andere nicht. Doch sie hatten gemeinsame Glaubensgrundsätze.

Sie glaubten, dass der Weg zur Erlösung nicht nur über den Glauben führte, wie es die aufkeimende orthodoxe Richtung verkündete, sondern auch über „gnosis" – die griechische Bezeichnung für „Wissen" oder „Kenntnis". Die Gnostiker legten die Betonung auf persönliche Kenntnis und das Erfahren des Göttlichen. Sie glaubten, dass die Suche nach der Selbsterkenntnis zur Wiederverschmelzung mit dem göttlichen Selbst führen würde, der Essenz unserer Persönlichkeit. Für die Gnostiker schufen Karma und Wiederverschmelzung den Rahmen für diese mystische Vereinigung.

Im gnostischen Buch Thomas, das vermutlich gegen Ende des zweiten Jahrhunderts verfasst wurde, lehrt Jesus, dass manche nach dem Tod „in ihrer Befangenheit mit dem Leben" zurückbleiben und „in das sichtbare Reich zurückgebracht" würden. Gegen Ende dieses Werkes sagt Jesus: „Sehet darauf und betet, dass ihr nicht wieder im Fleische geboren werdet, sondern die bittern Bande dieses

Lebens verlasset."[5] Mit anderen Worten: Betet, dass ihr nicht mehr auf Erden inkarnieren müsst, sondern in höhere Reiche aufsteigen dürft.

In einem anderen gnostischen Text, der Pistis Sophia, die wahrscheinlich im 3. Jhd. n. Chr. geschrieben wurde, beschreibt Jesus verschiedene karmische Konsequenzen für Handlungen in früheren Leben. Er sagt, dass ein Mensch „wieder auf die Erde gebannt wird, und zwar je nachdem, welche Sünden er begangen hat". „Jemand, der flucht", wird beispielsweise „beständig unruhig in seinem Herzen sein". Die Seele „Eines, der arrogant und überheblich ist", wird „in einen lahmen, missgebildeten Körper gebannt, sodass er stets von allen verschmäht wird". Jemand, der keine Sünden begangen hat, jedoch noch nicht in die Mysterien der spirituellen Welt eingeweiht wurde, wird in einen Körper geschickt, der es ihm leicht machen wird, „die Zeichen der Mysterien des Lichts zu entdecken und das Lichtreich für immer zu erben".[6]

Neben den Gnostikern gab es im zweiten und dritten Jahrhundert nach Christus noch zahlreiche berühmte Christen, die die Reinkarnation akzeptierten. Clemens von Alexandria, ein christlicher

1. Karmische Gesetze

Lehrer, der der katechetischen Schule der Kirche von Alexandria vorstand, soll einer von ihnen gewesen sein. Sein Nachfolger, Origen von Alexandria – ein Kirchenvater und der einflussreichste Theologe der griechischen Kirche – glaubte doch zumindest an die Präexistenz der Seele, wenn schon nicht explizit an die Reinkarnation.

In seinem Werk „On First Principles" („Grundprinzipien") erklärt Origen, dass die Seelen „ihren Platz oder Bereich oder ihre Lebensbedingungen entsprechend ihrem Handeln im vorausgegangenen Leben" zugewiesen bekommen. Gott hat „das Universum gemäß dem Prinzip der möglichst unparteiischen Verteilung" geordnet, so berichtet er uns.[7]

Gott schuf es nicht „nach seinem Wohlgefallen", sondern gab den Seelen Körper „je nach Sünde, die sie begangen hatten".[8]

„Wenn es angeblich kein Seelenleben vor diesem Leben gibt, warum gibt es dann Menschen, die blind geboren sind, ohne eine Sünde begangen zu haben, während andere kerngesund geboren werden?"[9] Er beantwortet seine Frage selbst: „Es ist offensichtlich, dass einige Sünden vor (der Verkörperung) der Seele existierten (d.h. begangen wurden), und als Folge dieser Sünden erhält jede Seele ihren 'Lohn', je nach Verdienst."[10] Mit anderen Worten, das Geschick des Menschen hängt von seinem Handeln in der Vergangenheit ab.

Origens Glaube an die Präexistenz der Seele setzt die Reinkarnation voraus. Dafür wurden seine Anhänger und Lehren später im kontroversen Kreuzfeuer der Kirchengrundsätze angegriffen. Drei Jahrhunderte nach Origens Tod wurde Origen vom byzantinischen Kaiser Justinian zum Häretiker erklärt. Auf Betreiben des Kaisers wurden Origens Lehren über die Präexistenz der Seele auf einem Kirchenkonzil „anathematisiert" (= verflucht). Origens Mönche wurden verbannt, seine Schriften zerstört.

Da keine Aufzeichnungen vorliegen, die die päpstliche Zustimmung zu diesen Anathemen dokumentieren, wird heute von der Forschung in Frage gestellt, ob sie legitim sind. Doch der Vollzug durch das Konzil, der von der Kirche gebilligt wurde, führte dazu, dass die Reinkarnation mit dem Christentum unvereinbar wurde. Zwischen dem dritten und sechsten Jahrhundert lehnten die Autoritäten der Kirche und des Staates

1. Karmische Gesetze

Christen, die an die Reinkarnation glaubten, in zunehmendem Maße ab, verbannten sie und zerstörten letztlich sogar ihre Schriften.

Von Zeit zu Zeit tauchte der Glaube an die Reinkarnation hartnäckig wieder auf. Er zog seine Kreise bis in die Gebiete des heutigen Bosnien und Bulgarien, trat im siebten Jahrhundert bei den Pauliziern und um das Jahr 1000 bei den Bogomil auf. Reinkarnationslehren traten im Mittelalter in Frankreich und Italien zutage, wo sie bei der Sekte der Katharer eine zentrale Rolle einnahmen.

Die schreckliche Inquisition wurde ursprünglich im dreizehnten Jahrhundert installiert, um die Katharer zu bekämpfen, die auch unter der Bezeichnung „Albigenser" bekannt waren. Die Kirche errang in diesem Kampf letztlich den Sieg, indem sie einen Kriegszug führte, der eine brutale Kampagne der Inquisition, der Folter und der Verbrennungen nach sich zog.

Zu jener Zeit verschwand die Reinkarnation im Untergrund. Sie wurde bis in das 19. Jahrhundert hinein über die Geheimtraditionen der Alchemisten, Rosenkreuzer, der Kabbalisten, der Hermetiker und der Freimaurer am Leben erhalten. Die

Reinkarnation gewann auch innerhalb der Kirche wieder an Bedeutung. Im 19. Jahrhundert integrierte in Polen beispielsweise ein katholischer Erzbischof, Monsignore Passavalli (1820-1897) die Reinkarnation in seinen Glauben und verkündete sie öffentlich. Er beeinflusste andere polnische und italienische Priester, die ebenfalls die Reinkarnationslehre übernahmen.[11]

West trifft Ost

*„Ich glaube, ich werde
in der einen oder anderen Form
immer existieren,
und bei all den Unannehmlichkeiten,
welchen das menschliche Leben unterworfen ist,
nichts gegen eine Neuausgabe meiner Selbst
einzuwenden haben,
in der Hoffnung jedoch, dass die Irrungen des
letzten Lebens begradigt werden."*

Benjamin Franklin

1. Karmische Gesetze

Obwohl die frühen Christen und vielleicht sogar Jesus selbst die Reinkarnation befürwortet hatten, impften Kirchenkonzile ihre Christen erfolgreich gegen diese Idee. Während die Jahrzehnte und Jahrhunderte so dahingingen, begannen jedoch einige Denker im Westen, über den Tellerrand hinauszudenken und mussten zugeben, dass die Reinkarnation mindestens ebensoviel Sinn machte wie eine Doktrin über eine einmalige Chance der Entscheidung zwischen „Himmel oder Hölle" nach dem Motto „Jetzt oder nie".

Ein Mann von nicht geringerer Gestalt und Genie als der Philosoph, Arzt und Missionar des zwanzigsten Jahrhunderts, Albert Schweitzer, sagte einmal: „Die Reinkarnationslehre beinhaltet eine höchst tröstliche Erklärung für die Realität, wodurch der indische Gedanke die Schwierigkeiten überwindet, die die Denker Europas blockieren."[12] Der deutsche Philosoph Arthur Schopenhauer formulierte es im 19. Jahrhundert folgendermaßen: „Würde mich ein Asiat nach einer Definition Europas fragen, wäre ich gezwungen, ihm zu antworten: Es ist jener Erdteil, der von der unglaublichen Illusion verfolgt wird, dass der Mensch aus dem Nichts geschaffen wurde und seine jetzige Geburt sein erster Zugang zum Leben ist."[13]

Der Unterschied zwischen Ost und West wurde einmal von einem neunjährigen Hindu-Jungen ziemlich unverblümt und humorvoll beschrieben, der in einem Schulaufsatz über sein Lieblingstier, die Katze, Folgendes schrieb: „Die Katze hat vier Beine, an jeder Ecke eines. Sie hat auch neun Leben, die sie aber in Europa nicht lebt, weil dort das Christentum ist."[14]

Viele Westler wissen nicht, dass einige der größten Denker des Westens in der Vergangenheit und heute die Reinkarnation als Lehre angenommen haben. Dieses Konzept machte beispielsweise in den Augen des amerikanischen Gründervaters Benjamin Franklin viel Sinn. Im Alter von 22 Jahren verfasste er für sich selbst eine Grabinschrift, die jedoch nach seinem Tod nicht verwendet wurde. Ein Auszug daraus lautet folgendermaßen: „Der Körper von B. Franklin, Buchdrucker, liegt hier wie der Einband eines alten Buches, aus dem man sämtliche Seiten ausgerissen hat... den Würmern zur Nahrung. Doch das Werk wird nicht verloren sein, denn es wird – wie er fest glaubt – in einer neuen,

1. Karmische Gesetze

moderneren, erweiterten und vom Autor überarbeiteten Version wieder neu aufgelegt werden."

Jahre später, im Alter von 79 Jahren, schrieb Franklin einen Brief: „Wenn ich weiß, dass (keines der Werke Gottes) zu nichts zerfällt, dass kein Tropfen Wasser verloren geht, kann ich nicht an die Sterblichkeit der Seele glauben oder daran, dass Er zusieht, wie tagtäglich Millionen von gebrauchsfertigen Geistern, die heute existieren, dem Zerfall preisgegeben werden sollen und Er sich die beständige Arbeit machen muss, neue zu erschaffen."[15]

Die Liste weiterer prominenter Westler, die die Reinkarnation im Lauf der letzten Jahrhunderte akzeptiert oder ernsthaft über sie reflektiert haben, ist lang und beeindruckend. Neben den Persönlichkeiten, die bereits oben zitiert wurden, zählen auch Größen aus dem 18. und 19. Jahrhundert dazu, wie der französische Philosoph Voltaire, der deutsche Dichter Johann Wolfgang von Goethe, der französische Romancier Honoré de Balzac, der amerikanische Transzendentalist und Essayist Ralph Waldo Emerson, der amerikanische Dichter Henry Wadsworth Longfellow und der amerikanische Industrielle Henry Ford. Die Liste aus dem 20. Jahrhundert umfasst den britischen Romanschreiber Aldous Huxley, den irischen Dichter W.B. Yeats, den britischen Autor Rudyard Kipling, den finnischen Komponisten Jean Sibelius, den spanischen Maler Salvador Dalí und den amerikanischen General George S. Patton.

Zu denjenigen, die über Reinkarnation geschrieben haben oder durch ihre Helden Reinkarnationsgedanken zum Ausdruck bringen, zählen die britischen Dichter William Wordsworth und Percy Bysshe Shelley, der deutsche Dichter Friedrich Schiller, der französische Romancier Victor Hugo, der schweizer Psychologe Carl Gustav Jung und die amerikanischen Autoren J. D. Salinger und Jack London.[16]

In der heutigen Zeit ist in Bezug auf den Glauben an die Reinkarnation ein steiler Aufwärtstrend zu verzeichnen. Millionen von Amerikanern, Europäern und Kanadiern glauben an die Reinkarnation. Konservativen Einschätzungen zufolge glauben über ein Fünftel der amerikanischen Erwachsenen an die Reinkarnation – darunter ein Fünftel Christen. Die Zahlen für Europa und Kanada bewegen sich im gleichen Bereich. Weitere 22% der Amerikaner

1. Karmische Gesetze

geben an, sich über die Reinkarnation „nicht sicher" zu sein, ein Beweis dafür, dass sie gegenüber dem Reinkarnationsgedanken zumindest offen sind. Der Anstieg der Zahl der Nahtoderfahrungen und der Erinnerungen an frühere Leben trägt zur steigenden Akzeptanz der Reinkarnationslehre bei.

 ## Schlagkräftige Beweise

„Jener schicksalsbewegte Tag liegt schon lange zurück, als ich, ein traditionell ausgebildeter Schulmediziner, Professor für Psychiatrie und notorischer Skeptiker, erkennen musste, dass unser menschliches Leben weit großartiger und tiefgründiger ist, als meine strenge Ärzteschule es mir glauben machen wollte."

Dr. Brian Weiss

Neben den religiösen und philosophischen Denkansätzen zur Reinkarnation nimmt die Forschung zu diesem Thema einen zunehmend

Schlagkräftige Beweise

größeren Umfang ein. Für einige prominente Stimmen auf diesem Gebiet kam der Beweis unerwartet ans Tageslicht und zwang sie somit, ihre Sichtweise über Leben und Tod zu ändern.

Der berühmte Hellseher des 20. Jahrhunderts, Edgar Cayce, bekannt als „schlafender Prophet", war schockiert, als er erstmals in einer seiner Sitzungen über die Reinkarnation berichtete. Cayce hatte zwanzig Jahre lang medizinische Deutungen gegeben, die er einer Sekretärin diktierte, während er selbst sich in tranceähnlichem Schlaf befand. Durch seine einzigartige Gabe erstellte er medizinische Diagnosen und beschrieb Naturheilmittel, die viele Menschen heilten, die ihn um Hilfe baten. Er konnte sogar erfolgreich Ferndiagnosen von Patienten erstellen, von welchen ihm lediglich Name und Adresse vorlagen.

Als überzeugter, strenggläubiger Christ zog Cayce den Reinkarnationsgedanken niemals in Betracht – bis, zu seiner höchsten Überraschung, in einer seiner Trancesitzungen die Sprache auf das vergangene Leben seines Klienten kam. Nach langjähriger Seelenforschungsarbeit kam Cayce letztendlich zu der Auffassung, den Reinkarnationsgedanken

1. Karmische Gesetze

als vereinbar mit Jesu Lehren betrachten zu können. Mehr als 2.500 Menschen erfuhren über Cayces Arbeit von ihren früheren Leben. Er deckte auf, wie ihre Handlungen in vergangenen Inkarnationen den Lauf ihres jetzigen Lebens beeinflusst hatten. In vielen Fällen legte er ihnen dar, wie karmische Muster, die Leben für Leben gewebt worden waren, letztendlich zu ihren aktuellen emotionalen oder körperlichen Leiden geführt hatten.

Rabbi Yonassan Gershom beschreibt in seinem Buch „Beyond the Ashes" (deutsche Fassung in: ders., Kehren die Opfer des Holocaust wieder?), wie er unerwartet auf Beweise für die Reinkarnation stieß. Über einen Zeitraum von zehn Jahren suchten 250 Menschen, sowohl Juden als auch Nicht-Juden, bei ihm Rat, weil sie „Flashbacks", spontane Erinnerungen, Träume und Visionen hatten, die ihnen sagten, dass sie in einem früheren Leben im Holocaust umgekommen waren.

Einige der Beweise für die Reinkarnation stammen auch von Menschen, die sich an vergangene Leben unter Hypnose erinnert haben. Obwohl ich Hypnose als Therapiemethode oder Möglichkeit, in früheren Leben zu stöbern, ablehne*, sind die

Schlagkräftige Beweise

Erkenntnisse von Rückführungen in frühere Leben durchaus interessant und bestätigen oft die Lehre von der Reinkarnation und dem Leben nach dem Tod, die uns durch verschiedene spirituelle Traditionen überliefert worden sind. Dr. Alexander Cannon sagt, er hätte sein Bestes getan, um bei der Reinkarnation den Gegenbeweis anzutreten und erklärte seinen Trance-Versuchskandidaten sogar, dass ihre Erinnerungen Unfug seien. „Doch im Lauf der Jahre erzählte mir eine Testperson nach der anderen die gleiche Geschichte, trotz aller denkbaren unterschiedlichen Lebenseinstellungen, die sie hatten", schrieb er 1950. „Nun sind bis auf den heutigen Tag mehr als eintausend derartiger Aussagen untersucht worden, und ich muss bekennen, dass so etwas wie die Reinkarnation existiert."[17] Dr. Helen Wambach, die Klinikpsychologin und Rückführungstherapeutin, die als

---

* Hypnose kann uns, selbst wenn sie mit den besten Absichten vorgenommen wird, spirituell verletzlich machen. Sie kann uns für Elemente des Über- und Unterbewusstseins des Hypnotiseurs öffnen. Durch Hypnose kann es auch passieren, dass wir vorzeitig Zeugnisse von Ereignissen aus früheren Leben aufdecken, obwohl wir noch nicht reif genug sind, sie zu verarbeiten (siehe S. 147-152).

1. Karmische Gesetze

erste Expertin die Erforschung früherer Leben sowie Pränatalforschung betrieb, führte im Lauf ihrer Karriere viele Hunderte von Menschen in frühere Leben zurück. Sie sagte einmal: „90% der Menschen, die zu mir kommen, erinnern sich tatsächlich spontan an Bilder aus einem früheren Leben."

Dr. Brian Weiss machte ähnliche Erfahrungen. Er hatte verschiedene Lehrstühle an mehreren medizinischen Fakultäten inne und war Vorsitzender der Abteilung für Psychiatrie am Mount Sinai Medical Center in Miami Beach. Vor zwanzig Jahren, als er selbst noch „unwissenschaftlichen" Gebieten wie Parapsychologie äußerst skeptisch gegenüberstand, begann einer seiner Patienten, sich an frühere Leben zu erinnern. Von diesem Tag an nahmen sein Leben und seine Arbeit eine neue Wendung.

Seitdem hat er bei mehr als 2.000 Menschen mittels Rückführung Erinnerungen aus der Zeit um ihre Geburt, im Mutterleib oder vor diesem Leben ans Tageslicht geholt und vier Bücher über diese Arbeit geschrieben. Mit diesen Beweisen konfrontiert, hat sich der frühere Skeptiker nun vom Saulus zum Paulus gewandelt. In der Tat wurde er zum „Universitäts-Dekan der Reinkarnation" ernannt.

Schlagkräftige Beweise

„Ich mag diesen Titel", sagt Weiss in seinem Buch „Messages from the Masters" („Botschaften der Meister"), „weil ich glaube, dass wir wirklich so lange reinkarnieren, bis wir unsere Lektionen gelernt und unsere Prüfungen bestanden haben. Außerdem gibt es, wie ich wiederholt dargelegt habe, eine beträchtliche Anzahl von historischen und medizinischen Beweisen dafür, dass die Existenz der Reinkarnation Fakt ist."[18] Die meisten Berichte über Reinkarnationen konnten jedoch keine Details liefern, die historisch belegbar wären. Ein aktuelles, faszinierendes Beispiel eines untypischen Kandidaten führt jedoch gerade diesen Beweis. 1999 veröffentlichte Kapitän Robert I. Snow, der Kommandant der Kriminalabteilung der Polizeidienststelle von Indianapolis, den Bericht über seine Suche nach einem vergangenen Leben in einem Buch mit dem Titel „Looking for Carroll Beckwith" („Auf der Suche nach Carroll Beckwith").

Als Sohn einer strenggläubigen Methodistenfamilie und Polizeibeamter auf einem ganz nüchternen Sachgebiet spielte Snow nie auch nur mit dem Gedanken an die Reinkarnation. Er hielt es für eine Sache „für Spinner und Verrückte". Dann,

1. Karmische Gesetze

eines Abends auf einer Party, sagte er zu einem Detektiv für Kindesmissbrauch, der Hypnose-Rückführungstherapie einsetzte, dass die Rückführung in ein vergangenes Leben doch wohl zum größten Teil auf purer Einbildung beruhe. „Außerdem, wenn es wahr wäre, warum hat dann bisher niemand jemals den Beweis dafür erbracht, dass er ein früheres Leben geführt hat?"[19]

In diesem Moment bat die Detektivin – es war eine Frau – ihn höflich, doch seine Ansichten zu testen. Sie notierte ihm den Namen einer Kollegin, die die Rückführungstherapie mittels Hypnose anwandte. Snow nahm ihre Herausforderung widerwillig an und erinnerte sich unter Hypnose unter anderem an ein früheres Leben als Künstler. Er sah sein Atelier und einige seiner Gemälde, die er während jenes Lebens geschaffen hatte. Zunächst tat Snow die Sitzung als Produkt seines Unterbewusstseins ab. Nach echter Detektivmanier beschloss er, persönlich den Beweis dafür zu erbringen, dass er nur Erinnerungen an Gemälde bunt aneinander gereiht hatte, die er zuvor in einem Geschichts- oder Kunstbildband gesehen hatte.

Seine Forschungen brachten jedoch gerade das Gegenteil zutage. Zunächst konnte er in keinem Buch irgendein Foto dieser Gemälde entdecken. Dann stieß er in einer kleinen Kunstgalerie in New Orleans auf genau das Porträt, das er selbst unter Hypnose vor seinem geistigen Auge gemalt hatte. Es war ein seltenes Werk eines unbekannten Künstlers aus einer Privatsammlung. Folglich bestand keinerlei Möglichkeit, dass er es jemals anlässlich einer Ausstellung oder in einem Buch hätte gesehen haben können. Als er dann erst den Namen der Künstlerin, J. Carroll Beckwith, herausgefunden hatte, stand er unter Strom.

Er forstete Tagebücher, Sammelalben und Biographien durch und bewies damit Stück für Stück 28 Details, an die er sich in der Rückführung erinnert hatte – einschließlich der Tatsache, dass er über die schlechte Lichtverteilung bei einem seiner Gemälde empört war, dass er das Porträt einer buckligen Frau gemalt hatte, dass er Porträtmalerei nicht mochte, das Geld jedoch brauchte, seine Gemälde in Sonne und leuchtenden Farben strahlten, und dass er im Herbst des Jahres in einer Großstadt verstarb.

1. Karmische Gesetze

„Ich habe Beweise vorgelegt, die zweifellos die Existenz eines früheren Lebens belegen", schreibt Snow in seinem faszinierenden Bericht. „Der Beweis, den ich während dieser zweijährigen Forschungen erbracht habe, ist so überwältigend, dass es keine Strafmilderung geben würde, wenn es sich hierbei um einen Mordfall handelte. Die Verurteilung wäre gewiss... Was dies jedoch alles vor dem Hintergrund des großen Puzzlespieles des Lebens der anderen Billionen von Erdbewohnern bedeutet, überlasse ich den Philosophen und Theologen."[20]

Kindermund tut Wahrheit kund

„Nur Kinder... erfassen unzählige Tatsachen mit unübertroffener Geschwindigkeit und zeigen damit, dass sie diese nicht zum ersten Mal in sich aufnehmen, sondern sich an diese erinnern."

Cicero

Kindermund tut Wahrheit kund

Einige der stringentesten Beweise für die Reinkarnation stammen von Kindern. Dr. Ian Stevenson, der herausragendste Forscher auf dem Gebiet der Kindheitserinnerungen an frühere Leben, wendet lieber keine Hypnose an. Stattdessen interviewt er die Kinder, die spontane Erinnerungen an vergangene Leben hatten, und versucht dann, die Details ihrer früheren Existenz unabhängig davon zu überprüfen. Stevenson, ein Psychiater, hat 2.500 dieser Fälle, die hauptsächlich aus Indien, Sri Lanka und Burma stammen, akribisch dokumentiert.

Einer seiner bemerkenswertesten und am besten dokumentierten Fälle ist der Fall der Reinkarnation von Shanti Devi aus Indien. Mohandas Ghandi berief ein Komitee von 15 Personen ein, die ihren ungewöhnlichen Fall erforschen sollten. Im Alter von drei Jahren begann Shanti von ihrem Ehemann und ihren Kindern aus einem früheren Leben zu sprechen. Schließlich nannte sie ihrer neuen Familie den Namen ihres Ehemannes und den Namen der Stadt, die 80 Meilen von ihrem Wohnort entfernt lag. Sie beschrieb das Aussehen ihres Ehemannes und berichtete, dass sie

1. Karmische Gesetze

nach der Geburt ihres zweiten Kindes gestorben war. Ein Verwandter ihres Ehemanns wurde zur Überprüfung ihrer Angaben vorbeigeschickt, und Shanti erkannte ihn bei seiner Ankunft. Sie beschrieb das Haus, in dem sie gelebt hatte, und offenbarte ihm sogar, wo sie etwas Geld vergraben hatte – eine Tatsache, die ihr Ehemann bei einer späteren Überprüfung bestätigte.

Als ihr Ehemann unangekündigt zu ihr zu Besuch kam, erkannte sie ihn sofort wieder. Shanti führte das Forscherkomitee schließlich an die Stelle ihres früheren Zuhauses. Sie benutzte Redewendungen, die in jener Stadt üblich waren, obwohl sie niemals zuvor dort gewesen war, und erkannte den Bruder und den Vater ihres Ehemannes.

Ich habe herausgefunden, dass Kinder sich etwa bis zu ihrem dritten Lebensjahr an frühere Leben erinnern. Sie verstehen nicht unbedingt, was sie sehen, und manchmal können sie es klar artikulieren, in anderen Fällen nicht. Kürzlich betrachtete eine Zweijährige, die ich kenne, ein Buch, auf dem eine Frau beim Backen abgebildet war. Als ihr Babysitter sie fragte: „Hast du schon einmal einen Kuchen gebacken?", antwortete dieses

Kleinkind: „Aber ja. Aber nicht jetzt. Früher. Bevor ich ein Baby geworden bin."

Helen Wambach berichtet in ihrem Buch „Reliving Past Lives" („Frühere Leben neu leben"), wie ein Fünfjähriger namens Peter, den sie wegen Hyperaktivität behandelte, eines Tages begann, ihr aus seinem Leben als junger Polizist in Ausbildung zu erzählen. Er berichtete ihr, dass er damals gern geraucht hatte, nun aber nicht wisse, warum er jetzt nicht mehr rauchen könne. Er erzählte auch, dass er Basketball gespielt hatte.

Im Verlauf seiner Behandlung blieb Peter zwar hyperaktiv, war aber in der Lage, sitzen zu bleiben und sich zu entspannen, wenn er über sein Leben als Polizist erzählte. „Er schien von diesem Thema besessen zu sein", schrieb Wambach. „Eines Tages erzählte seine Mutter, ein Polizist hätte ihn nach Hause gebracht, weil er mitten auf der Straße stand und versuchte, den Verkehr zu regeln."[21]

Eine Mutter, die an die Reinkarnation glaubte, schickte mir diesen Bericht über die Erinnerungen ihrer Tochter an ein früheres Leben: „Als meine Tochter zwei Jahre und zehn Monate alt war, erlebte sie eine interessante Spontanerinnerung an

1. Karmische Gesetze

ein früheres Leben, während sie eine Familienversammlung mit vielen Verwandten besuchte, die sie niemals zuvor gesehen hatte. Sie erinnerte sich daran, die Personifizierung ihrer eigenen Ur-Ur-Großmutter zu sein, die 'Gertrude' hieß.

„Zunächst sah meine Tochter ein Bild von Gertrude, wie sie zwanzig Jahre alt war, an der Wand hängen, und sagte völlig erstaunt dreinblickend: 'Bin ich das?' Am nächsten Tag, als sie mit ihrem Ur-Uronkel (Gertrudes Sohn) Verstecken spielte, unterbrach sie plötzlich ihr Spiel und sagte rundheraus: 'Bin ich deine Mutter?'

Als wir an jenem Abend Dias anschauten, wurde ein Bild von mir auf die Leinwand projiziert, als ich fünf Jahre alt war und neben meiner Ur-Urgroßmutter Gertrude stand, die neben mir saß. Meine Tochter rief aus: 'Mama, das bin ich! Das bin ich!' Ich antwortete: 'Nein, mein Schatz, das ist ein Bild von mir, als ich ein kleines Mädchen war.' Meine Tochter erwiderte mit Nachdruck: 'Nein, ich meine die Frau, die sitzt!'

Als meine Tochter am nächsten Tag meinen Cousin traf, der als Wiederverkörperung von Gertrudes Ehemann gilt, fragte sie ihn: 'Bist du mein Papa?'

(Damals benutzte sie das Wort „Papa", wenn sie den Ehemann meinte.) Einige Tage nach dem Familientreffen, als wir wieder zu Hause waren, blickte meine Tochter von ihrer Malerei auf und sagte: 'Mama, ich heiße Gertie, nenn' mich doch Gertie.' Dann malte sie weiter. (Gertrude wurde tatsächlich in jenem Leben 'Gertie' gerufen.)

All dies ereignete sich vor mehr als fünf Jahren, und meine Tochter hat diese Erinnerungen inzwischen vergessen. Doch sie haben mir Einblick in ihre Mission in diesem Leben ermöglicht. Gertrude war eine konservative Protestantin, bibelfest, und hielt über 40 Jahre lang die Sonntagsschule. In den 30er-Jahren schloss sich Gertrudes Tochter der theosophischen Gesellschaft an, die die Reinkarnationslehre vertrat. Für Gertrude bedeutete dies einen großen Schock und stürzte sie in tiefe Verzweiflung. Sie konnte diese „komischen östlichen Lehren" niemals akzeptieren und schwor, dass sie Jesus persönlich nach der Wahrheit fragen würde, wenn sie in den Himmel käme! Jesus hat in seiner großen Gnade meiner Tochter gewährt, in eine familiäre Situation zu inkarnieren, in der sie die Wahrheit erfahren darf."

1. Karmische Gesetze

Mit etwa vier Jahren erlebte ich meine eigene Rückerinnerung an ein früheres Leben. Ich spielte in meinem Sandkasten auf dem mit einem Lattenzaun umgebenen Spielplatz, den mein Vater für mich gebaut hatte. Ich war allein, genoss die Sonne und betrachtete den Sand, der durch meine kleinen Finger rann.

Plötzlich, aus heiterem Himmel, als hätte jemand den Lautstärkeregler im Radio hochgedreht, befand ich mich auf einer anderen Frequenz – ich spielte am Nilufer in Ägypten. Es war genauso Wirklichkeit, wie mein Spielplatz in Red Bank, New Jersey, genauso vertraut. Ich verbrachte Stunde um Stunde im Müßiggang, planschte im Wasser und fühlte den warmen Sand auf meinem Körper. Meine ägyptische Mutter war in der Nähe. Irgendwie war auch dies meine Welt. Ich kannte diesen Fluss schon immer.

Wie konnte ich wissen, dass ich in Ägypten am Nil war? Meine Eltern hatten eine Weltkarte über meiner Spieltruhe angebracht, und ich wusste bereits die Namen der verschiedenen Länder. Meine Eltern waren beide Weltenbummler, und meine Mutter erzählte mir immer wieder Geschichten über die fremden Länder.

Nach einiger Zeit (ich weiß nicht, wieviel Zeit vergangen war), war es, als ob erneut am Knopf gedreht wurde, und ich befand mich wieder auf meinem kleinen Spielplatz. Mir war nicht schwindelig. Ich war nicht benommen. Ich war wieder zurückgekehrt in die Gegenwart und war mir ganz bewusst, dass ich in einer anderen Welt gewesen war.

Ich sprang auf und rannte los, um meine Mutter zu suchen. Ich fand sie am Küchenherd und sprudelte mit meiner Geschichte heraus. „Was war los?", fragte ich. Sie ließ mich hinsetzen, schaute mich an und sagte: „Du hast dich an eines deiner früheren Leben erinnert." Mit diesen Worten öffnete sie das Tor zu einer anderen Dimension.

Anstelle zu verspotten oder zu leugnen, was ich erlebt hatte, sprach sie mit mir in Worten, die einem Kind verständlich waren: „Unser Körper ist wie ein Mantel, den wir anhaben. Er ist abgetragen, bevor wir mit dem, was wir tun müssen, fertig sind. Daher gibt uns Gott eine neue Mama und einen neuen Papa. Wir werden neu geboren, sodass wir die Arbeit beenden können, zu der er uns losgeschickt hat, damit wir schließlich wieder nach Hause in

1. Karmische Gesetze

unser Lichtreich im Himmel zurückkehren können. Obwohl wir einen neuen Körper bekommen haben, haben wir immer noch die gleiche Seele, und diese Seele erinnert sich an die Vergangenheit, selbst wenn unser Geist sich daran vielleicht nicht erinnert."

Während sie sprach, empfand ich das Gefühl, als erwecke sie in mir mein Seelengedächtnis neu. Es war, als hätte ich diese Dinge schon immer gewusst. Ich erzählte ihr, dass ich wusste, dass ich schon immer gelebt hatte. Im Lauf der Jahre sollte sie mir Kinder zeigen, die Behinderungen hatten, andere, die wohlbegabt waren, einige, die in reiche Häuser hineingeboren wurden und wieder andere, die in Armut leben mussten. Sie war der Überzeugung, dass ihre Handlungen in der Vergangenheit zu den jetzigen Lebensumständen geführt hatten. Sie sagte, dass es so etwas wie göttliche oder humane Gerechtigkeit nicht geben könne, wenn wir nur ein Leben hätten. Wir könnten Gottes Gerechtigkeit nur erfahren, wenn wir die Folgen unserer Handlungen in früheren Leben als Auswirkungen in unserem jetzigen Leben spüren könnten.

Mir war sehr wohl in dem Bewusstsein, dass ich schon immer gelebt hatte. Glücklicherweise hatte ich niemanden in meinem Umfeld, der diese sanfte Erfahrung und die zarten Regungen meiner Seele geleugnet hätte.

Auch wenn Sie selbst, liebe Leserin, lieber Leser, vielleicht keine Erinnerung an ein früheres Leben hatten, hatten Sie möglicherweise doch schon einmal das Gefühl, mit einer Person oder einem Ort bei der ersten Begegnung vertraut zu sein. Vielleicht haben Sie jemanden zum ersten Mal getroffen und empfanden dabei das Gefühl, Sie seien bereits alte Freunde, oder Sie hatten schon einmal eine plötzliche, unerklärliche Abneigung gegen jemanden, der eben den Raum betreten hatte.

Es gibt einen guten Grund dafür, weshalb wir uns für gewöhnlich nicht an unsere Vergangenheit erinnern. Gott zieht sozusagen „den Rollo herab", wenn wir in den Geburtskanal treten. Dieser Schleier des Vergessens ist ein Akt der Gnade. Wir haben für dieses Leben einen Auftrag und können uns in Wirklichkeit immer nur auf ein Leben konzentrieren, um es erfolgreich zu führen.

Ab und an zeigt uns Gott vielleicht ein oder zwei Bilder aus einer früheren Lebensepisode. Wenn es uns gestattet ist, einen Blick auf unser

1. Karmische Gesetze

Karmabuch des Lebens zu werfen, dann hat dies einen bestimmten Zweck. Vielleicht soll sich unsere Seele dadurch schneller an Verpflichtungen erinnern, die wir vor dieser Verkörperung eingegangen sind. Vielleicht sollen wir die zugrunde liegende Ursache einer negativen Episode aus der Vergangenheit kennen, sodass wir mitempfinden, verzeihen und wieder vorwärtsgehen können. Doch wir müssen nicht unbedingt alles über unsere früheren Leben wissen, um mit unserem Karma zurechtzukommen und spirituell wachsen zu können. Wir sollten dies auch nicht erzwingen. Wenn Gott will, dass wir es erfahren, wird er es uns auf die eine oder andere Weise zeigen.

 ## Der große Schöpferplan

„Unsere Geburt ist nicht mehr als ein Schlafen und Vergessen: Die Seele, die mit uns aufgeht, unser Lebensstern, hat ihren Urbeginn an einem anderen Ort. Und sie kommt von weit her."

William Wordsworth

Der große Schöpferplan

Am Anfang wurde unsere Seele mit dieser einzigartigen und wertvollen Gabe ausgestattet, die wir der Menschheit im Lauf unserer Inkarnationen weitergeben sollten. Uns wurde beigebracht, dass ohne dieses Geschenk unsere Familien, unsere Gemeinschaften und sogar unsere Zivilisation nicht zur vollen Blüte gelangen können.

Wir sollten uns durch den Prozess der Inkarnation auf die Erde auch spirituell weiterentwickeln – in der spirituellen Meisterschaft wachsen, während wir unsere göttlichen Gaben nähren und unsere Talente entfalten. Gott schenkte uns den freien Willen, sodass wir unsere Berufung, Mitschöpfer gemeinsam mit dem Göttlichen zu sein, in Liebe bekräftigen konnten. Einige unter uns verkörperten sich sogar freiwillig auf Erden, quasi als verkleidete Engel, um diejenigen zu retten, die vor uns gekommen waren und vergessen hatten, dass auch sie einen göttlichen Plan und eine Mission zu erfüllen hatten. Wir wussten, dass wir, wenn wir unseren Lebenszweck erfüllt hätten, wieder glücklich in das Reich des Geistes zurückkehren würden, um unser Seelenabenteuer dort fortzusetzen.

1. Karmische Gesetze

Unsere Seelen begaben sich hoffnungsvoll auf die Reise. Wir wussten um die wahre Natur unserer Bestimmung. Wir wussten, dass wir vor allem spirituelle Wesen sind, die die Mission haben, dieses spirituelle Bewusstsein auf Erden lebendig zu halten.

Irgendwann im Lauf der Zeit kamen wir vom Weg ab. Wir „stürzten" von diesem hohen Bewusstsein herab, als der Reiz des äußeren, menschlichen Selbst und seine Fallen unsere Aufmerksamkeit von unserem angeborenen, göttlichen Selbst abzog. Wir wurden auf uns selbst und nicht mehr auf unser Selbst zentriert und begannen allmählich, den Grund für unseren Erdenbesuch zu vergessen.

Der Rest ist Geschichte. Indem wir auf unser menschliches Ego und nicht mehr auf das Herz unseres Höheren Selbst ausgerichtet waren, waren wir getrieben, manchmal nicht mehr zu Ehren unseres inneren Geistes zu handeln. Wir taten viel Gutes, doch wir schufen auch Negatives. Aus dem fehlgeleiteten Bedürfnis, unser niederes Selbst zu schützen, verletzten wir unsere Mitmenschen mehr, als dass wir ihnen halfen. Daher waren wir dann im Zuge des Gesetzes der Kreisläufe nicht mehr frei, vorwärts zu gehen, bevor wir nicht die karmische Schuld beglichen hatten, die wir nun anderen gegenüber trugen.

Der Lebenssinn unserer Seele besteht demzufolge nicht mehr nur darin, unseren ursprünglichen göttlichen Plan zu erfüllen, sondern auch, unser Karma auszugleichen. Unsere Seele ist auf ihrer Suche nach Erlösung gezwungen, diese karmischen Begegnungen Leben für Leben wieder so lange neu aufzufrischen, bis wir die Lösung finden.

Die Erde ist folglich mit einem Klassenzimmer zu vergleichen. Wir kommen immer wieder, um unsere Lektionen zu lernen. Manchmal haben wir weise Lehrer, doch in vielen Fällen ist unser wichtigster Lehrmeister unser eigenes Karma – die positiven und negativen Auswirkungen unserer Entscheidungen, die wir aus freien Stücken getroffen haben. Wenn wir all unsere Lektionen lernen, all unsere Verpflichtungen erfüllen und unsere Selbstbeherrschung unter Beweis stellen, werden wir dem Klassenzimmer auf Erden entwachsen und unsere Seelenreise als meisterhafte spirituelle Wesen in andere Reiche fortsetzen.

1. Karmische Gesetze

Sehr oft werden in der heutigen modernen Welt Reichtum und körperliche Bequemlichkeit mit dem Siegel des Erfolges gleichgesetzt. Wenn wir das Leben aus spiritueller Sicht betrachten, erkennen wir, dass unsere oberste Priorität nicht der materielle Erfolg ist, obwohl er ein legitimes Mittel ist, um uns bei der Verwirklichung unseres Lebenszieles zu helfen. Vielmehr erkennen wir, dass Gott für unser Leben die Priorität gesetzt hat, wieder deckungsgleich mit unserer ursprünglichen „Blaupause" zu werden – d.h., die menschliche Matrix, die fehlgeleiteten Muster des menschlichen Egos, durch unsere göttliche Matrix zu ersetzen.

Wenn wir einmal erkannt haben, weshalb wir hier sind, und wie wir dorthin gelangt sind, wo wir heute stehen, werden die Widersprüche in unserem Leben viel bedeutsamer – und leichter handhabbar. Wenn wir unser Leben nicht mehr länger als isoliertes Segment in der Zeit betrachten, sondern als Teil eines Kontinuums, ändert sich unsere Perspektive. Wenn wir dazu übergehen, jedes „Heute" als Teil des größeren, kreativen Plans unserer Seele zu betrachten, nehmen unsere täglichen Entscheidungen neue Bedeutung an.

Eine Energiegleichung

„Alles, was wir kennen, befindet sich in einem System des ständigen Ausgleichs. Jedes Leiden wird belohnt; jedes Opfer wird verrechnet; jede Schuld wird beglichen."

Ralph Waldo Emerson

Wir wollen nun unseren Blick weg vom großen Plan hin auf die spirituellen dynamischen Abläufe des alltäglichen Lebens richten. Das Gesetz des Karmas ist nichts anderes als eine präzise, wissenschaftlich fundierte Energiegleichung. Gelehrte und Mystiker aus Ost und West erklären uns, dass alles im Leben Energie ist. Das Leben, das durch unsere Adern, unseren Geist und unsere Herzen pulsiert, ist Energie. Jeden Augenblick fließt der kristallklare Strom des Lebens von unserer Quelle zu uns, und jeden Augenblick entscheiden wir neu, ob wir ihn in einen positiven oder negativen Spin versetzen.

Aufgrund des universellen Gesetzes von Ursache und Wirkung wird diese Energie wieder zu uns zurückfließen. Wenn die mit unserem positiven Spin geladene Energie zu uns zurückkehrt, sehen und spüren wir, dass positive Dinge in unser Leben treten. Wir werden vielleicht in Liebe und Trost gehüllt, haben ein Gefühl von Freude und Erfüllung im Leben oder merken, dass wir Fortschritte machen.

Die Energie, die wir mit negativem Spin versetzt haben, wird ebenfalls zu uns zurückkehren. Vielleicht befinden wir uns am anderen Ende der Leitung und erhalten die gleiche Art von selbstherrlicher Haltung oder die gleichen harten Worte zurück, die wir ausgesandt haben. Vielleicht finden wir uns in einer Situation wieder, in der wir denjenigen, die wir in der Vergangenheit ignoriert haben, Zuwendung schenken müssen. Wie auch immer, wir werden wieder die Wahl haben: Werden wir unsere Gedanken, Worte und Taten mit einem positiven oder negativen Spin belegen?

Eine der Schlüssellektionen, die wir auf dem Weg des Karmas lernen, ist die Tatsache, dass nicht die Umstände zählen, in welchen wir uns befinden, sondern die Art und Weise, wie wir auf sie reagieren. Manchmal braucht es eine Weile, bis wir

Eine Energiegleichung

es verstanden haben. Erinnern Sie sich an den Kinofilm „Und täglich grüßt das Murmeltier"? Ein auf abstoßende Weise egoistischer TV-Wettermann (gespielt von Bill Murray), der zum „Murmeltiertag" nach Punxsutawney in Pennsylvania geschickt wurde, erwacht jeden Morgen, um den gleichen Tag zu beginnen – einen Tag nach dem anderen. Erst als er lernt, seine Selbstbezogenheit in Mitgefühl zu verwandeln, seine Talente zu entfalten und sein Herz zu öffnen, bekommt er sein Mädchen, verlässt das Karussell und beginnt einen neuen Tag.

Dieser Kinofilm ist eine clevere Parabel für das Leben selbst. Die gleichen Szenen spielen sich wieder und wieder ab. Wir treffen Leben nach Leben die gleichen Charaktere, bis wir beschließen, unsere negativen Reaktionen zu meistern und die Gelegenheit nutzen, die uns direkt ins Auge springt, nämlich zu lieben, zu lieben und immer wieder zu lieben.

Mein Lehrer und verstorbener Ehemann, Mark L. Prophet, teilte diese karmische Weisheit einem Mann mit, der mit seinem Los bitterlich unzufrieden war. Die einzige Möglichkeit, seine große

1. Karmische Gesetze

Familie zu ernähren, war für ihn das Versicherungsgeschäft, doch er hasste seinen Beruf leidenschaftlich. Er fühlte sich gefangen. Infolgedessen war er stets „grantig" und verstimmt. „Bezähme dein Bewusstsein in jeder Lebenslage", riet Mark ihm, „und du wirst automatisch in eine bessere Lebenssituation hineinwachsen, wenn deine Seele dazu bereit ist." Stattdessen gab er anderen die Schuld an seinen Problemen, suchte nach Antworten außerhalb von sich selbst. Schließlich wurde er so unglücklich, dass er sich von seiner Frau scheiden ließ und damit eine Gelegenheit verlor, größere Meisterschaft über sich selbst zu erringen.

Dies soll nicht bedeuten, dass wir uns niemals nach besseren Arbeitsbedingungen umsehen dürfen oder dass wir niemals über unsere augenblicklichen Lebensumstände oder Beziehungen hinauswachsen werden. Die Lektion lautet, dass das Leben uns möglicherweise in Momenten, da unser Karma uns zwingt, eine Zeit lang an dem Punkt innezuhalten, an dem wir uns gerade befinden, eine Botschaft senden möchte: „Hier ist etwas zu meistern, bevor du weitergehen kannst."

Karmische Folgen

„Gott wird dir die Rechnung schicken."

James Russell Lowell

Negatives Karma ist wie eine Bodenschwelle. Es lässt uns langsamer und aufmerksamer werden. Manchmal ähnelt es auch mehr einem Verkehrshindernis, das uns zwingt, kehrt zu machen und einen anderen Weg zu unserem Ziel einzuschlagen oder sogar zweimal über unser Ziel nachzudenken. Wo wir in der Vergangenheit vielleicht unsere Augen oder Herzen verschlossen hatten, fordert uns das Karma nun auf, uns für neue Möglichkeiten zu öffnen.

Wiederkehrendes Karma äußert sich in einer unendlichen Vielfalt von Abwandlungen derselben Situation, die jeweils auf die einzigartigen Bedürfnisse unserer Seele zugeschnitten sind. Es bestimmt die Familien, in die wir hineingeboren werden, unsere Beziehungen, beruflichen Laufbahnen und unsere Gesundheit. Es formt unser körperliches, geistiges, emotionales und spirituelles

1. Karmische Gesetze

Temperament, ebenso wie die Herausforderungen, welchen wir uns stellen müssen.

Wenn wir beispielsweise mit einem Problem im Bereich unserer Kehle geboren werden, haben wir in einem vergangenen Leben unsere Kehle missbraucht – vielleicht durch eine verletzende, irreführende oder unangemessene Sprechweise. Vielleicht hatten wir die freie Meinungsäußerung eines unserer Mitmenschen erstickt und müssen nun erfahren, wie sich das anfühlt. Sollten wir vorsätzlich oder indirekt den Tod eines anderen in einem vorangegangenen Leben verursacht haben, kann das Gesetz des Karmas uns dazu zwingen, dieser Person nun ein neues Leben zu schenken oder ihr außergewöhnliche Unterstützung zukommen zu lassen.

Mark Prophet lieferte eines Tages ein interessantes Beispiel: Angenommen, eine Frau wird ihrer Schwiegertochter gegenüber übertrieben kritisch. Sie wird von diesem Gedanken so besessen, dass sie nur noch darüber sprechen kann, wie schrecklich dieses Mädchen ist. Die Frau ist in der Tat innerlich gespalten. Der aufrichtige Teil in ihr weiß, dass das, was sie über ihre Schwiegertochter sagt, in Wirklichkeit jeglicher Grundlage entbehrt.

Karmische Folgen

Doch ihr Ego ist besessen von dem Bestreben, diese Falschheit weiter zu betreiben. Mark sagte, dass sich diese innere Gespaltenheit im nächsten Leben dieser Frau als Schizophrenie äußern könnte.

Dies bedeutet natürlich umgekehrt nicht, dass Schizophrenie immer dieselbe Ursache hat. Überhaupt nicht. Aufgrund der Komplexität unserer Entscheidungen in der Vergangenheit ist kein karmisches Porträt zweier Menschen identisch.*

Edgar Cayce's Übermittlungen bieten ein faszinierendes Studienobjekt für die Präzision, mit der Karma wiederkehrt. Eine der Deutungen führte die Anämie eines jungen Mannes auf ein früheres Leben in Peru zurück, wo er sich Macht angeeignet hatte. „Es gab viel Blutvergießen", lautete die Botschaft, „daher kommt die Anämie im jetzigen Leben." Ein Mann, der unter Verdauungsstörungen litt, hatte sich Jahrhunderte zuvor

---

*Es gibt viele mögliche Varianten bei der Verkettung von Ursache und Wirkung, die sich als unterschiedliche körperliche, mentale und emotionale Lebensumstände äußern. Die Beispiele, die in diesem Buch angeführt werden, sollen Ihnen helfen, besser zu verstehen, wie Karma wirkt, doch sie können nicht einfach auf jede ähnliche Situation übertragen werden. Jeder karmische Umstand und sein Ergebnis sind einzigartig.

1. Karmische Gesetze

als Gefolgsmann von König Ludwig XIII der Völlerei hingegeben und war daher nun gezwungen, strenge Diät zu leben. Cayce riet einmal einem tauben Mann, der sein Leben während der französischen Revolution als Adliger verbracht hatte: „Verschließen Sie Ihre Ohren nicht wieder vor denjenigen, die Sie um Hilfe anflehen."

Bei einer anderen Sitzung wurde einer hübschen, jedoch übergewichtigen jungen Dame eröffnet, dass sie zu römischer Zeit eine wunderschöne Athletin gewesen sei. Sie erfuhr, dass sie in jener Inkarnation diejenigen verspottet hatte, die weniger beweglich waren als sie selbst, weil sie übergewichtiger waren. Ein Kinofilmregisseur, der als Folge einer beginnenden Kinderlähmung seit seiner Jugendzeit hinkte, musste erfahren, dass er ein römischer Soldat gewesen war, der sich über diejenigen lustig gemacht hatte, die Angst hatten. Die Botschaft lautete: „Das körperliche Gebrechen war diesmal eine notwendige Erfahrung, um das innere Selbst zu wecken und spirituelle Kräfte zu entfalten." In einer Sitzung artikulierte Cayce den eigentlichen Kernsatz des Karmas: „Was du bei einem anderen verurteilst, entsteht in dir selbst."[22]

Karmische Folgen

Gerade weil wir mit einem karmischen Umstand geboren sind, bedeutet dies jedoch nicht, dass wir nicht davon geheilt werden könnten. Manchmal ist das Karma, das den Kern einer Krankheit bildet, nur die Folge der schlechten Behandlung unseres Körpers. Indem wir das wertvolle Instrument, das Gott uns für unsere spirituelle Entwicklung geschenkt hat, nicht pflegen, können wir uns das Karma der Vernachlässigung aufbürden. Wird der Zustand rechtzeitig aufgefangen, indem wir die Lektion lernen, können wir genesen. Wenn unseren Leiden tiefere Ursachen zugrunde liegen, kann es mehr Zeit und Mühe erfordern, das Karma aufzulösen. Jeder Fall ist anders gelagert. Es kann sein, dass wir das eine Mal unsere Last tragen müssen, damit unsere Seele eine bestimmte Lektion lernen kann. Haben wir dieses zugrunde liegende Karma gebüßt, können wir von der betreffenden Krankheit befreit werden.

Einer der geistigen Hauptschlüssel für die Heilung liegt darin, Genesung nicht nur um der körperlichen Heilung willen zu suchen, sondern zum Wohle der Ganzheit von Körper, Geist und Seele.

1. Karmische Gesetze

Die Wurzeln für unsere körperlichen Gebrechen reichen für gewöhnlich weit in andere Dimensionen unseres Seins zurück, die zuerst geheilt werden müssen. Einmal erhielt ein Mann, der an multipler Sklerose erkrankt war, die Botschaft von Cayce, dass er „seine negativen Leidenschaften in einem früheren Leben bis zum Exzess getrieben hatte". Cayce erklärte dem Mann, dass er im Krieg mit sich selbst lag und ermutigte ihn, an Gott zu glauben. Durchtränkt von Verbitterung und Selbstmitleid geriet der Mann in Rage darüber, dass es Cayce nicht gelungen war, ihn zu heilen.

Eine weitere Sitzung mit demselben Mann ergab, dass sein Leiden karmisch bedingt war. Die Botschaft lautete, dass er sein Herz, sein Lebensziel und seine Absicht ändern müsse, bevor er auf Heilbehandlungen ansprechen würde. In der Sitzung wurde ihm unverblümt geraten: „Solange Hass, Bosheit und Ungerechtigkeit herrschen – jene Eigenschaften, die im Widerspruch zu Geduld, langem Leiden und brüderlicher Liebe stehen – kann in diesem Körper keine Heilung stattfinden. Wozu würde der Körper geheilt werden? Damit er seine eigenen körperlichen Bedürfnisse und Gelüste stillen kann? Damit er seine persönliche Selbstbezogenheit noch steigern kann? Für diesen Fall bliebe es besser so, wie es jetzt ist."²³

Die Quelle unserer Begabung

„Begabung ist Erfahrung. Einige scheinen zu glauben, sie sei eine Gabe oder ein Talent. Doch Begabung ist die Frucht langjähriger Erfahrungen vieler Leben."

Henry Ford

Wie steht es mit dem guten Karma, das wir ernten? Wie sieht das aus? Dhammapada berichtet uns, dass, vergleichbar mit jemandem, der lange Zeit in der Fremde gewesen war und bei seiner Rückkehr freudig willkommen geheißen wird, „die guten Taten eines Menschen in einem Leben ihn im nächsten Leben so freudig begrüßen wie einen Freund, den man bei seiner Heimkehr empfängt".

1. Karmische Gesetze

Während negatives Karma wie eine stürmische See ist, die von allen Seiten gegen unser Schiff peitscht, ist positives Karma wie eine frische Brise in unseren Segeln, die uns mühelos vorwärts trägt. Während das negative Karma, das wir angesammelt haben, uns auf ein Niveau niedergedrückt hält, auf dem wir dieses Karma erworben haben, wirkt unser positives Karma wie ein Magnet, der uns immer weiter hinauf in unser höheres Bewusstsein zieht.

Während unser negatives Karma unsere Schulden anderen gegenüber darstellt, bedeutet unser gutes Karma soviel wie ein Guthaben auf unserem kosmischen Bankkonto. Es ist eine Rücklage, auf die wir bauen können. Wir können unser positives Karma – unsere Stärken und positiven Kräfte – einsetzen, um unser negatives Karma immer stärker zu bezwingen und vorwärts zu streben.

Gutes Karma kann sich auf vielfältige Weise zeigen, von einem stützenden Familien- und Freundeskreis bis hin zu Begabungen und Talenten. Unsere Begabungen und Fähigkeiten sind die Saat unseres guten Karmas, das Früchte getragen hat. Unser gutes Karma und unsere positiven Triebkräfte

Die Quelle unserer Begabung

können uns auch wie eine Rakete auf dem Passionsweg unserer Seele beschleunigen.

Der Held des Zweiten Weltkrieges, General George Patton, betrachtete sich beispielsweise in seiner Jugend als Schlachtenführer der Menschheit. Später ging er dazu über zu glauben, dass er viele Male als Krieger inkarniert war, u. a. in Troja, unter Caesar und bei den Highländern. Als er seine erste Kommandantur in Langres/Frankreich übernahm, einer Stadt, in der er nie zuvor gewesen war, hatte er ein Déjà-vu Erlebnis, das seine Überzeugung untermauerte. Er sagte zu dem französischen Verbindungsoffizier, der ihm anbot, ihm die Lokalitäten zu zeigen: „Das brauchen Sie nicht. Ich kenne diesen Ort. Ich kenne ihn sehr gut."

Er wies daraufhin seinen Fahrer an, durch das Städtchen zu fahren „fast wie einer, der einen kleinen Mann im Ohr hat, der ihm den richtigen Weg einflüstert". Er lotste ihn zu der Stelle, an der das römische Amphitheater gewesen war, zum Exerzierplatz, zu den Tempeln von Mars und Apollo. „Ich zeigte ihm sogar genau den Ort, an dem Caesar damals sein Zelt aufgeschlagen hatte", sagte

1. Karmische Gesetze

Patton. „Doch ich schlug nie einen falschen Weg ein. Sie sehen, ich war dort schon gewesen."[24]

Die Sängerin Rise Stevens hatte ihr persönliches Déjà-vu Erlebnis, als sie in Griechenland auftrat. Als sie Orpheus' Klagelied am Fuße der Akropolis sang, die Kulisse in Mondlicht getaucht, verlor sie „jeglichen Bezug zur Realität". Sie fühlte sich ins alte Griechenland versetzt, wo sie „geistig und körperlich" ein früheres Leben führte, in welchem sie just auf dieser Bühne aufgetreten war. Später schrieb sie über dieses Ereignis, dass sie die Arie wie in Trance beendete und erschöpft auf dem Körper von Eurydike zusammenbrach. Fünfminütiger tosender Applaus war nötig, um sie wieder in die Gegenwart zurückzurufen.[25]

Die Reinkarnation ist die einzig logische Erklärung für Kindheitsgenies wie Mozart, der im Alter von fünf Jahren Menuette schrieb und mit neun Jahren Sonaten, Arien und Sinfonien komponierte. Der weniger berühmte Tom Wiggins ist ein weiteres Beispiel. Als blinder, autistischer Sohn einer Sklavenfamilie des 19. Jahrhunderts aus Georgia konnte er innerhalb weniger Stunden Fähigkeiten erwerben, die anderen Musikern jahrelange Übung abverlangt hätten. Im Alter von drei Jahren konnte Tom Klavierstücke nachspielen, die er im Hause seines Herrn gehört hatte. Mit acht Jahren begann er eine lange Karriere auf der Konzertbühne, wo er später Klassik spielen und jegliches Musikstück, das einer seiner Herausforderer ihm vorspielte, mühelos nachspielen würde. Mitten während seiner Vorführung stand er sogar immer auf, drehte sich zum Publikum hin und spielte das Stück weiter, wobei er die Hände hinter seinem Rücken hatte!

Leider wurden Toms Auftritte im Rahmen einer Art Sensations-Show gezeigt. Dabei waren seine Fertigkeiten alles andere als sensationell. Wie bei anderen Wunderkindern war die einzig vernünftige Erklärung für sein außergewöhnliches Talent die Tatsache, dass es auf Errungenschaften aus früheren Leben zurückging.

Kapitel 2

Karmische Fäden

„Willst du die Vergangenheit kennen, betrachte dein gegenwärtiges Leben. Willst du die Zukunft kennen, betrachte deine Gegenwart."

Gautama Buddha

# Karmische Zyklen

„Karma, oder kosmische Gerechtigkeit, versetzt jeden in Situationen, in welchen man entweder etwas lernen oder etwas büßen kann."

Helena Roerich

Wir alle haben schon Tage erlebt, an welchen wir dachten: „Das wird bestimmt ein großartiger Tag", und dann setzten die unerwarteten Veränderungen – oder Einbrüche – ein. Einmal stehen wir auf und fühlen uns großartig, am nächsten Tag fühlen wir uns scheinbar grundlos „am Boden".

Die unterschiedlichen Befindlichkeiten und Gefühlsschwankungen, durch die wir uns im Verlauf des Tages unseren Weg bahnen, haben mehr mit der Intensität und Art unseres persönlichen Karmas zu tun, als wir denken. Wenn ein bestimmtes Karma ansteht, verändert sich plötzlich unser Umfeld. Wir gehen wie gewohnt zur Arbeit und plötzlich, aus heiterem Himmel, wird uns der Job gekündigt – oder wir werden befördert. Wir erfahren unsere Untersuchungsergebnisse und müssen

2. Karmische Fäden

in die Klinik eingewiesen werden – oder erfahren, dass wir Zwillinge erwarten.

Jeden Morgen begrüßt uns das Karma, das uns für diesen Tag zugewiesen wurde, an der Türschwelle. Uns wird aufgrund der liebevollen, tröstenden und erhebenden Dinge, die wir in der Vergangenheit geleistet haben, eine Portion gutes Karma zugeteilt. Täglich stellt sich auch eine gewisse Portion unseres negativen Karmas ein, um aufgelöst zu werden.

Meist, wenn wir etwa im Alter von zwölf Jahren in die Pubertät eintreten, senkt sich unser Karma aus früheren Leben erstmals mit stärkerem Gewicht auf uns. (Einige Seelen nehmen bereits in jüngeren Jahren freiwillig mehr Karma auf sich.) So können die ersten zwölf Lebensjahre eines Kindes ein Zeitraum sein, in welchem es viel über Werte, das Gesetz des Karmas und den richtigen Umgang mit Energie erfährt. Wenn einem Kind bis zum Alter von zwölf Jahren beigebracht werden kann, dass es einen Sinn im Leben hat, und es die Bedeutung der Entscheidungsfreiheit verstehen kann, wird es für das Kind viel einfacher sein, die Herausforderungen, welchen es

Karmische Zyklen

begegnet, zu bestehen und seinen Weg durch die Teenagerzeit und darüber hinaus gut hinter sich zu bringen.

Wenn Karma wiederkehrt, ist es verwickelt, aber präzise. Betrachten wir nur, wie sich ein Feuer ausbreitet. Es frisst sich durch die Stadt und schlägt dabei immer wieder unvermutet eine neue Richtung ein. Einige Häuser bleiben stehen, andere werden zerstört. Einmal erschien auf der Titelseite einer Tageszeitung das Foto von einem Brand in der Umgebung von Kalifornien. Der gesamte Wohnblock war ein einziger Trümmerhaufen – mit Ausnahme eines einzigen Hauses, das unversehrt dastand. Unglaublich, doch glaubhaft, wenn wir das Gesetz des Karmas verstanden haben. Im wörtlichen und im übertragenen Sinn ist die Richtung, aus der der Wind weht, keine Laune des Zufalls. Sie ist die Folge des Rades des Karmas.

2. Karmische Fäden

 Gruppenkarma

"Keiner lebt auf einer Insel, ganz für sich allein. Jeder ist Teil des Kontinents."

John Donne

Karma ist jene unwiderstehliche Kraft, die wir in Bewegung gesetzt haben, und die uns mit Menschen, Orten und Ereignissen konfrontiert. Wie ein riesiger Magnet zieht das Karma uns zu Menschen, von welchen wir lernen müssen, oder die etwas von uns lernen müssen – und oft sind es die gleichen Menschen. Durch das Karma werden wir auch magnetisch zu den Menschen hingezogen, mit welchen wir in der Vergangenheit wundervolle Beziehungen hatten, sodass wir den Lohn unserer gegenseitigen Zuneigung miteinander teilen können. Diese Art der Einzelbeziehung nennen wir individuelles Karma.

Karma kann auch kollektiv wirksam sein. Ganze Familien, Städte, Staaten und Nationen können so genanntes Gruppenkarma teilen. Wenn Menschengruppen gemeinsam als ein Körper

Gruppenkarma

agieren – oder versagen, wenn sie agieren sollten –, inkarnieren sie wieder gemeinsam, um die Früchte des Karmas, das sie im Verbund geschaffen hatten, „auszulöffeln" oder zu ernten. Sie bilden sozusagen ein „spirituelles Ökosystem".

Wenn vier Menschen sich zusammenfinden, um beispielsweise einen Raubüberfall zu begehen, schaffen sie Gruppenkarma. Wenn es einer bestimmten Anzahl von Menschen gelingt oder auch nicht gelingt, der Umweltverschmutzung oder der Verfolgung Einhalt zu gebieten, sind sie gemeinsam verantwortlich für den Schaden, den sie einander zufügen – einen Schaden, der weitreichende Folgen haben kann. Langanhaltende Fehden, wie etwa die intensiven, mit explosivem Potenzial geladenen Feindseligkeiten zwischen den Israelis und den Palästinensern oder Indien und Pakistan, können auf altes Gruppenkarma zwischen ganzen Kulturkreisen hinweisen.

Ungelöstes Gruppenkarma kann erschreckende Ausmaße annehmen. So, wie starkes persönliches Karma unter Umständen schwere körperliche Auswirkungen verursachen kann, wenn wir das Karma nicht ausgleichen, bevor es zum Tragen

2. Karmische Fäden

kommt, kann auch negatives Gruppenkarma ernsthafte Folgen für diejenigen nach sich ziehen, die es geschaffen haben. Große Katastrophen, die beispielsweise durch herbe, außergewöhnliche klimatische Verhältnisse entstehen, sind oft ein Hinweis für die Wiederkehr von kollektivem Karma.[1]

Wenn eine Katastrophe zuschlägt, in welcher Form auch immer, müssen wir mitfühlend reagieren und denjenigen helfen, die leiden. Wir dürfen uns dagegen niemals dazu hinreißen lassen, sie zu kritisieren, zu richten oder zu ignorieren, weil wir glauben, sie erhalten die Quittung für ihr Karma. Jeder von uns wird zu gegebener Zeit mit dem Karma konfrontiert sein, das er in diesem und in vergangenen Leben erzeugt hat, und auch wir werden vielleicht eines Tages Unterstützung brauchen, um die an uns gestellten Herausforderungen zu meistern.

Wir dürfen auch nie vergessen, dass nicht alles, was dem Menschen passiert, Folge seines Karmas ist – ein Thema, das wir auf den Seiten 166-171 aufgreifen werden. Die Bürde des anderen zu tragen ist Teil des spirituellen Weges. Dies kann eine glänzende Gelegenheit sein, um einen Teil unseres eigenen negativen Karmas aufzulösen, positives Karma zu schaffen und – last but not least – auch die Liebe zu üben.

Menschen können auch positives Karma schaffen, das sie mit verwandten Seelen aneinander bindet. Menschen, die in vergangenen Leben zusammen wunderschöne Musik geschaffen oder als Ärzte oder Schriftsteller gemeinsam Hand in Hand gearbeitet haben, werden vielleicht wieder zusammenkommen, um der Menschheit ihre Gaben weiterzugeben. Ich kannte eine Familie, in der sowohl die Eltern als auch jedes der sieben Kinder Violine spielte. Es ist sehr wohl möglich, dass sie bereits frühere Leben gemeinsam miteinander verbracht hatten. Die Begabung für Violine bei den Kindern mag vielleicht durch die Gene der Eltern weitergegeben worden sein, doch die musikalischen Errungenschaften und das positive Karma, das diese Seelen in vergangenen Leben angesammelt hatten, hatte sie zu ihren Eltern hingezogen.

Die Völker jeder Nation haben ebenfalls ihr Karma miteinander aufzulösen, doch sie besitzen auch eine kollektive Begabung – ein besonderes Talent, das ihre Kultur der Welt bieten kann. Es

2. Karmische Fäden

heißt immer wieder, und das ist auch wahr, dass viele Amerikaner auf dem einstigen Kontinent Atlantis inkarniert waren, der vor vielen Tausenden von Jahren im Meer versunken war. Rein materielles Denken, Machtmissbrauch und Fehleinsatz der Technologien leisteten ihren Beitrag zum Niedergang dieser fortschrittlichen Zivilisation.

Die Amerikaner sind derzeit mit genau den gleichen Prüfungen und Chancen konfrontiert wie damals. Sind wir in der Lage, Wissenschaft und Spiritualität so miteinander zu vereinen, dass wir unsere Macht und unsere technologischen Fortschritte in Zukunft zum Zwecke der Befreiung und nicht der Kontrolle einsetzen? Können wir eine praktische Spiritualität pflegen, die das Herz und die Seele wie auch den Geist nährt? Können wir in unserer Zeit auf innere Werte zentriert bleiben, anstatt auf Weltklugheit und intellektuelles Wissen ohne tieferen Geist ausgerichtet zu sein?

 # Die zweite Chance

„Achte auf deine Chance."

Ecclesiasticus

Ein dramatisches Beispiel dafür, wie die Fäden von Karma und Chance über Leben hinweg miteinander verwoben sind, stammt aus den Seiten des Geschichtsbuches von England. Dies ist eine Geschichte über den Unterschied zwischen Prinzipien und Ambitionen. Es ist auch eine Lektion darüber, wie Karma uns eine zweite Chance bieten kann.

1155, als Thomas Becket gerade 36 Jahre alt war, wurde er von Heinrich II. zum Kanzler von England ernannt. Becket war ein energiegeladener, geschickter Diplomat, Staatsmann und Soldat. Er wurde zum engen Freund und Vertrauten des Königs und der zweite Mann im Königreich.

1161 wollte Heinrich Becket zum Erzbischof von Canterbury ernennen. Heinrichs Motiv war einfach zu durchschauen. Indem er seinen Freund an die Spitze der beiden höchsten Ämter in Kirche

2. Karmische Fäden

und Staat setzte, würde Heinrich die traditionelle Spannung zwischen dem Erzbischof und dem König vermeiden. Becket zögerte. Er sah den unvermeidbaren Konflikt zwischen den Interessen des Königs und den Interessen der Kirche voraus. Er stimmte schließlich zu, als der König darauf bestand, und akzeptierte das Amt als „Gottes heimlichen Willen".

Nach seiner Weihe zum Erzbischof nahm Becket im krassen Gegensatz zu seinem früheren Lebenswandel als verschwenderischer „Mann von Welt" einen einfachen Lebensstil in Frömmigkeit an. Sehr zu Heinrichs Missfallen legte Becket sein Amt als Kanzler nieder und wurde eifriger Verfechter der Interessen der Kirche. Das Verhältnis zwischen den beiden Männern verschlechterte sich rasch. Becket, dem mit der Festnahme bzw. Amtsenthebung gedroht wurde, floh nach Frankreich. Sein Exil währte mehr als sechs Jahre.

In dieser Zeit forderte Heinrich sowohl Becket als auch den Papst heraus, indem er seinen Sohn durch den Erzbischof von York zum Mitregenten krönen ließ, ein Recht, das dem Erzbischof von Canterbury vorbehalten war. Becket exkommunizierte daraufhin die Bischöfe, die Heinrich unterstützt hatten, und drohte England mit einer Interdiktion, woraufhin alle Kirchen in England hätten geschlossen werden müssen.

Heinrich lenkte schließlich ein und lud Becket zur Rückkehr nach England, wo er von der Menge mit Begeisterung empfangen wurde. Doch wenig später gerieten die beiden wieder aneinander. In einem Wutanfall rief Heinrich aus: „Welch unloyale Feiglinge berge ich an meinem Hof, dass sich keiner findet, der mich von diesem Priester niedriger Geburt befreite!" Vier Barone hörten die Äußerung des Königs und ermordeten Thomas Becket vier Tage nach Weihnachten auf brutale Weise in der Kathedrale zu Canterbury. Seine letzten Worte waren: „Im Namen Jesu und der Verteidigung der Kirche, ich nehme den Tod mit offenen Armen an."

Beckets Ermordung erschütterte das Christentum. Sein Grab wurde schnell zu einem Heiligenschrein und dem Ort von Hunderten von belegten Wundern. Bereits drei Jahre nach seinem Tod wurde er heilig gesprochen. 1174 tat Heinrich auf Druck der Öffentlichkeit am Grab von Becket Buße.

2. Karmische Fäden

Im 16. Jahrhundert wurden die Seelen von Thomas und Heinrich erneut in die Rollen des Kanzlers und des Königs von England gesteckt. Nochmals wurden sie vor die Wahl gestellt, Gottes Willen zu dienen oder dem Willen des Menschen, das Prinzip oder die weltliche Macht zu verfechten. Thomas Becket, wieder inkarniert als Sir Thomas Morus, und Heinrich II. als der unrühmliche Heinrich VIII. Beachten Sie, wie exakt die zweite Chance sich auf früheres Karma gründet.

Ab 1510 beförderte Heinrich VIII. Thomas Morus zu einer Reihe von öffentlichen Ämtern. Morus war Richter, vollendeter klassischer Gelehrter und ein tief religiöser Mann. Er unterstützte Heinrich dabei, eine Stellungnahme gegen Martin Luthers Thesen zu schreiben, wofür der Papst Heinrich mit dem Titel „Verteidiger des Glaubens" auszeichnete.

Wieder wurden Heinrich und Thomas Freunde, und der König ernannte Morus zum Kanzler von England. Als Kanzler erlangte Morus den Ruf eines prompten, aufrichtigen Richters. Als der König begann, Macht über die Kirche zu ergreifen und sich entgegen den kirchlichen Vorschriften von Königin Catherine scheiden ließ, legte Morus sein

Amt nieder. Er weigerte sich, einen Eid abzulegen, um anzuerkennen, dass die Nachkommen von Heinrich und seiner neuen Gemahlin zu Thronfolgern würden, weil er eine Bestimmung enthielt, der die Autorität des Papstes untergrub. Dafür wurde er im Tower von London inhaftiert.

1535 wurde Morus des schweren Verrates angeklagt und verurteilt. Er wurde geköpft, weil er sich dem Act of Supremacy widersetzt hatte, der Heinrich zum Oberhaupt über die Kirche von England machen sollte. Seine letzten Worte glichen einem Echo der Gefühle, die Becket seinerzeit ausgedrückt hatte. Er sagte, er sterbe für den Glauben an die heilige katholische Kirche, „als guter Diener des Königs, aber an erster Stelle Diener Gottes".

Wie Becket wurde auch Morus von der Kirche heilig gesprochen. Ironischerweise hatte Heinrich VIII. 1538 den Schrein des heiligen Thomas Becket in Stücke geschlagen. Er ließ auch Beckets Namen aus den Gebetsbüchern löschen und verbot jegliches Abbild von Becket in England. So viele Jahrhunderte später hatte er Becket immer noch nicht vergeben, so wie er auch Thomas Morus nicht verziehen hatte.

2. Karmische Fäden

 # Das Leben zwischen den Leben

"Ich starrte auf das schöne Lichtwesen, das in strahlendem Glanz vor mir stand... Das Lichtwesen urteilte nicht hart, sondern gab mir freundliche Ratschläge und ließ mich selbst den Schmerz und die Freude spüren, die ich anderen zugefügt hatte."

Dannion Brinkley

Nahtod-Erfahrungen, Rückführungen in frühere Leben und die Berichte von Menschen, die spirituelle Dimensionen mit ihrem inneren Auge „sehen" können, fügen sich zu einem Bild dessen zusammen, was sich zwischen unseren Erdenleben abspielt. Den Berichten zufolge befinden wir uns zwischen unseren Verkörperungen in einem erhöhten Bewusstseinszustand, der realer erscheint als das Leben auf Erden.

Die Menschen beschreiben wunderschöne Seen und strahlende Städte ebenso wie Begegnungen mit „Lichtwesen". Dannion Brinkley, der selbst drei Nahtod-Erfahrungen erlebt hat, wurde in eine „Stadt der Kathedralen" geführt, die „vollständig aus kristallinen, leuchtenden Materialien bestand". Er fand später heraus, dass es sich hier um Lehrsäle handelte – Orte, „wo es keinen Schmerz gab und das Wissen frei floss".[2]

Das Werk „Life between Life" („Das Leben zwischen den Leben") von Dr. Joel Whitton und Joe Fisher beschreibt die Erfahrungen von Patienten, die sich unter Hypnose daran erinnerten, was sie zwischen den Leben unternommen hatten. Einige berichteten, dass sie „in großen Lehrsälen, die mit Bibliotheken und Seminarräumen ausgestattet waren", gelernt hatten. Ärzte und Richter berichteten davon, dass sie „ihre jeweiligen Disziplinen während dieses Zwischenlebens studierten, während andere sich daran erinnern, dass sie sich beispielsweise mit den 'Gesetzen des Universums' und anderen metaphysischen Themen befassten. Einige erzählen sogar, dass sie Fächer studierten, die jeglicher Beschreibung entbehren, weil es hier auf Erden dafür keine Entsprechung gibt."[3]

Diese Berichte enthüllen auch, dass wir uns zwischen den Leben mit einer Gruppe oder einer

103

2. Karmische Fäden

Kommission von drei bis sieben spirituell fortgeschrittenen Wesen treffen. Wer sich an seine Begegnung mit dieser Kommission erinnert, sagt, dass diese Weisen ihn auf die Aufgaben vorbereitet hätten, die ihm in seinem nächsten Leben bevorstünden.

Dr. Whittons Klienten berichteten, dass diese Wesen „spirituell hoch entwickelt sind und manchmal sogar das Rad der Wiederverkörperung auf Erden hinter sich gebracht haben". Sie sagen, dass diese Wesen intuitiv alles über diejenigen wissen, die zu ihnen kommen, und dass „ihre Rolle darin besteht, (sie) dabei zu unterstützen, das Leben, das sie gerade vollendet haben, zu beurteilen und dann, am Ende, Empfehlungen für die nächste Inkarnation zu geben".[4]

In einigen spirituellen Überlieferungen ist diese Kommission als die „Karma-Jury" bekannt, eine Gruppe fortgeschrittener Wesen, die für jede Seele Karma, Gnade und Urteil aussprechen. Nach jeder Verkörperung trifft sich unsere Seele mit der Karma-Jury, um unsere Fortschritte in diesem Leben rückbesinnend zu betrachten. Bevor wir wieder eine neue Inkarnation annehmen, kommen wir vor diese Jury, um unsere Bestimmung und unser karmisches Los zu empfangen. Uns wird gezeigt, in welche Familie wir hineingeboren werden und aus welchem Grund, wo in der Vergangenheit die Schwierigkeiten lagen, mit wem wir noch abrechnen müssen und wie wir neue Chancen nutzen können, um spirituell zu wachsen. Wir erhalten quasi den Überblick über den Plan unseres bevorstehenden Lebens.

In dem Werk „Leben zwischen den Leben" stellen Whitton und Fisher fest, dass dieser Lebensplan, den sie „unser karmisches Skript" nennen, das beinhaltet, was unsere Seele braucht, nicht unbedingt aber das, was sie möchte. „Das karmische Skript fordert oft eine erneute Begegnung mit Menschen, die in vorangegangenen Inkarnationen angenehm oder unangenehm in Erscheinung getreten sind", schreiben sie. „Mit den Worten eines Mannes ausgedrückt, der sich ständig gezwungen fühlte, anderen Menschen gegenüber seine Schuld zu begleichen: 'Manche Menschen habe ich in meinem letzten Leben nicht allzu gut behandelt, und ich muss nochmals auf die irdische Ebene zurück, um diese Schuld abzuarbeiten. Diesmal werde ich es ihnen verzeihen, wenn sie mich im Gegenzug wieder verletzen werden, denn alles, was ich wirklich

2. Karmische Fäden

möchte, ist wieder nach Hause zurückzukehren. Hier ist mein Zuhause.'" [5]

Ein anderer von Whittons Klienten stöhnte: „Oh nein – nur nicht wieder *die*!", als seine spirituellen Ratgeber ihn darauf hinweisen, dass seiner individuellen Entwicklung am besten gedient sei, wenn er von einer Frau wieder geboren wird, die er in einem früheren Leben ermordet hatte.[6]

Nachdem eine Frau einen meiner Vorträge über die Erfahrungen der Seele vor dem Leben angehört hatte, erhielt ich einen Brief von ihr, in dem sie mir über ein vorgeburtliches Ereignis schrieb, an das sie sich viele Jahre zuvor erinnert hatte. Sie erinnerte sich, dass ihr Höheres Selbst sie in einen Raum begleitete, der einer langen Halle glich. Männer und Frauen in langen Gewändern saßen an einem Tisch, der sich in der rechten Raumhälfte befand. „Ich erinnere mich daran, dass ich vor dem Mann stand, der in der Mitte des Tisches saß. Er hatte schulterlanges, weißes Haar und einen weißen Bart, der bis auf seine Brust herabreichte", schrieb sie.

„Er hatte eine angenehme Erscheinung, die es mir erleichterte, mich zu entspannen, während er meine Bestimmungen für dieses Leben aus einer Pergamentrolle vorlas, die er in Händen hielt. Ich war ein sehr aufgeregtes kleines Mädchen – ich konnte es kaum erwarten, anzufangen... Ich verließ den Raum mit meinem Wächter, und als ich einen wunderschönen Garten betrat, begann ich zu spüren, dass meine Mission gar nicht so leicht sein würde. Mein Geist begann, unsicher zu werden. Wir setzten uns auf eine Steinbank, die von wunderschönen Rosen und Blumen in allen Farben umgeben war. Ich saß tief in Gedanken versunken da, wohlwissend, dass ich nur wenige Augenblicke später von meiner jetzigen Mutter geboren werden würde.

Ich wusste, dass ich zur Erde kommen würde, um ihr zu helfen und sie zu unterstützen, doch mir stand auch noch etwas sehr Bedeutendes bevor, wenn ich alt genug sein würde. Ich wandte mich besorgt zu meinem Wächter um und fragte: 'Werde ich verlieren, was ich errungen habe?' Er schloss meine Hände sanft in die seinen und sagte: 'Das liegt ganz an dir!'"

2. Karmische Fäden

 Familienbande

> *„Der Mensch ist ein Knoten, ein Netz, eine Masche, in die Beziehungen hineingeknüpft sind. Nur diese Beziehungen sind von Bedeutung."*
>
> Antoine de Saint-Exupéry

Durch unsere Beziehungen, u. a. diejenigen zu unserer Familie, unseren Freunden, Kameraden, Partnern, Chefs und Mitarbeitern, haben wir die größten Gelegenheiten, Karma aufzulösen. Das erste Karma, auf das wir im Leben treffen, und meist das schwierigste, ist das Karma, das wir mit unseren Eltern und Geschwistern teilen.

Es kann sein, dass es viele Dinge mit Familienmitgliedern – oder umgekehrt – zu lösen gilt oder aber, dass uns enge Bande der Liebe verbinden. Möglicherweise ist es auch beides. In jedem Fall kommen wir als Familie zusammen, weil wir einander etwas zu geben haben. Vielleicht haben wir auch eine gemeinsame Mission – etwas, das wir zusammen leisten sollen, um anderen zu helfen, sie zu inspirieren oder aufzurichten.

Familienbande

Manchmal inkarnieren dieselben Seelen in der gleichen Familie, übernehmen jedoch andere Rollen. Eine Mutter schrieb mir einmal, um mir folgende Geschichte zu berichten: „Als meine Tochter Melanie* noch ganz klein war (etwa drei Jahre alt), war sie von meinem Vater fasziniert, der gestorben war, als ich selbst noch ein kleines Mädchen war. Melanie war sehr betrübt, dass sie meinem Vater nie begegnet war. Sie sprach immer wieder von ihm, stellte mir jede Menge Fragen und wollte Geschichten über ihn hören. Dies ging einige Jahre lang so. Nachts musste ich eine halbe Stunde lang an ihrem Bett sitzen, um dies mit ihr durchzuarbeiten. Manchmal blickte sie traurig drein und sagte zu mir: 'Du weißt schon, worüber ich traurig bin.'

In der Nacht vor der Geburt meines zweiten Kindes hatte Melanie einen Traum. Sie erzählte mir, sie hätte Opa gesehen, und sie hätten zusammen eine große Party gefeiert, weil Opa endlich zurückkehren würde. Am nächsten Tag wurde mein Sohn geboren. Seitdem hat Melanie nicht mehr

---

*Personennamen, ausgenommen solche von berühmten Persönlichkeiten, wurden in unseren Erzählungen abgeändert.

2. Karmische Fäden

diese Traurigkeit gespürt. Sie spricht über ihren Opa auch nicht mehr so wie früher."

Eine Lektion, die bei der Reinkarnationsforschung klar und deutlich ans Tageslicht kommt, ist die Tatsache, dass, ganz gleich, in welche Familie man hineingeboren wurde, man selbst allein dafür verantwortlich ist, wer und was man heute ist. Wir glauben, wir würden unsere Begabung und unsere Grenzen über die Gene unserer Eltern erben, doch eigentlich ziehen wir Eltern an, deren Gene die Formel unseres Karmas in diesem Leben erfüllen. Cayce antwortete einmal jemandem, der fragte, von welcher Familienseite her er am meisten geerbt hätte: „Sie haben das meiste von sich selbst geerbt, nicht von Ihrer Familie! Die Familie ist nur ein Fluss, auf dem die Seele dahintreibt."

Dr. Christopher Bache weist darauf hin, dass die übliche westliche Psychologie uns glauben lässt, dass unsere Persönlichkeit und unsere einzigartigen Charakterzüge davon herrühren, wie wir zu Hause behandelt wurden. Er sagt: „Aus der Sicht der Reinkarnationslehre jedoch ist es genau umgekehrt. Man zäumt sozusagen das Pferd von hinten auf. Die Faustregel für die Reinkarnation lautet: 'Ich stehe vor diesem Problem im Leben nicht, weil ich diese Eltern habe, sondern ich habe vielmehr genau diese Eltern, weil ich mich entschieden habe, genau an diesen Themen zu arbeiten'...

Sie werden in der einen oder anderen Form immer wieder in verschiedenen Bereichen unseres Lebens auftauchen – in Kindheitsbeziehungen, bei der Partnersuche, in der Ehe, bei unserer Karriere, hinsichtlich unserer Gesundheit, bei unseren Kindern und mit uns selbst. Wir werden solange damit konfrontiert werden, bis wir sie lösen, bis wir ihren Code knacken, bis wir uns selbst aus der inneren Programmierung befreien, die uns an sie bindet."[7]

Manchmal bestehen in einer Familie keinerlei Karma-Schulden den anderen Mitgliedern gegenüber, doch die gemeinsamen Handlungen der Familie sind dazu bestimmt, ihnen zu helfen, Einschränkungen zu überwinden oder einander zu unterstützen. Die Eltern eines geistig behinderten Kindes wurden von Cayce darüber aufgeklärt, dass ihr Kind in einem seiner früheren Leben Menschen den Rücken zugekehrt hatte, die „körperlich und geistig behindert" waren, und lieber selbst gut lebte. Cayces Botschaft lautete, dass das liebevolle Beispiel der Eltern in Bezug auf die gute Versorgung ihres Kindes diese Seele lehrte, wie wichtig es ist, diejenigen treu zu behüten, die von uns abhängig sind.[8]

Oft sollen beide, sowohl Eltern als auch Kind, von einer Situation profitieren, die aus unserer begrenzten Sichtweise tragisch erscheint. Eltern, die Cayce einmal fragten, ob ihr Lebenswandel in einem früheren Leben die Ursache für das Down-Syndrom ihres Kindes sei, erfuhren, dass sie sich selbst oder Gott nicht die Schuld zuweisen sollten. Seine Botschaft enthüllte, dass die Eltern gemeinsam auf Atlantis gelebt hatten, wo sie sich um Behinderte und Hilflose gekümmert hatten. Die geplagte Seele ihres mongoloiden Kindes war eine derjenigen, welchen sie geholfen hatten. Sie kehrte zu ihnen zurück, um ihre Hilfe und ihr Mitgefühl zu erhalten.

Cayce sagte, das Ehepaar hätte Gelegenheit, ihrem Kind zu helfen, sein Karma aufzulösen, sodass es nicht nochmals als körperlich Behinderter zu inkarnieren bräuchte. Er riet auch der Mutter, dass sie, indem sie ihre Liebe und geduldige Pflege freizügig herschenkte, den Weg für das nächste Kind, das sie empfangen sollte, ebnete. Cayce ermutigte die Frau, die ein heimliches Bedürfnis hatte, Romane zu schreiben, die Lektionen, die aus ihrem Kummer heraus entstanden waren, für ihre Schreibprojekte zu nutzen.

Die Sitzung enthüllte auch, dass der Vater sich als Beitrag zu seinem eigenen spirituellen Wachstum um das Kind kümmern sollte. Während des amerikanischen Unabhängigkeitskrieges hatte der Vater die Aufgabe, einen Zug der Armee mit Essen zu versorgen. Eines Tages lief seine Truppe in einen Hinterhalt. Einige von ihnen starben oder wurden versehrt. Unter dem Schock des Blutbades gab er seinen eigenen Offizieren die Schuld, obwohl es sich um ein Unglück handelte.

Die Erinnerung an dieses unglückliche Ereignis und seine mangelnde Bereitschaft zu verzeihen wirkten sich bis in sein jetziges Leben aus. Immer, wenn er einen behinderten Menschen sah, löste es in ihm ein Gefühl der Ungerechtigkeit aus. Cayce erklärte, dass er, um dieses emotionale Problem zu beseitigen, das seine Wurzeln in jenem früheren Leben hatte, sich in Verzeihung und

2. Karmische Fäden

Toleranz anderen gegenüber üben müsse.[9] Daher mussten beide, Vater und Sohn, zusammen leben, um geheilt zu werden.

Wie können wir jemals behaupten, dass es für eine Seele, die in einem mongoloiden oder in einem anderen Körper lebt, der unter einem ähnlichen, so genannten „Defekt" leidet, keinen Gewinn und kein Wachstum gibt? Jede Seele, ob sie in einem gesunden Körper wohnt oder nicht, sammelt mannigfache Erfahrungen. Außerdem können diejenigen, die eine körperliche Last tragen, denjenigen, die sich um sie kümmern, eine vielgesuchte Gelegenheit zu spirituellem Wachstum bieten. Unsere Sichtweise deckt sich nicht immer mit der Sichtweise der Seele.

Karma und Adoption

"Es gibt nichts, was der Aufmerksamkeit von oben in all seinen kleinsten Details entginge. Alles ereignet sich zu einem bestimmten Zweck."

Baal Shem Tov

Schicksal und Karma bringen uns mit gewissen Seelen auf die eine oder andere Weise zusammen. Adoption ist ein gutes Beispiel hierfür. Unter Hypnose sagten einige der Patienten von Dr. Helen Wambach, die Adoptivkinder waren, aus, dass ihre Adoption einen wesentlichen Bestandteil ihres Lebensplanes darstellte.

Wambach schrieb: „Einige von ihnen wussten bereits vor ihrer Geburt von der Beziehung, die sie zu ihren Adoptiveltern haben würden und spürten, dass sie zu ihnen nicht als ihr eigenes leibliches Kind kommen könnten, sondern wählten die Möglichkeit der Adoption als einen Weg, um zu ihren Eltern zu kommen." Ihre Nachforschungen führten sie zu dem Schluss, dass „Schicksal und Zufall bei der Adoption keine Rolle spielten".[10]

2. Karmische Fäden

Dies wirft neues Licht auf die Einstellung mancher unserer Zeitgenossen nach dem Motto: „Wenn du schwanger bist und dein Kind nicht behalten willst, kannst du es ja abtreiben lassen."

Aus spiritueller Sicht könnte es sehr gut das individuelle Karma einer Person darstellen, ein bestimmtes Kind zur Welt zu bringen und dieses dann zur Adoption freizugeben, sodass es die Eltern finden kann, mit welchen es leben sollte – Eltern, die keine Kinder bekommen können.

Ein befreundetes Ehepaar aus dem Gesundheitsbereich erzählte mir einmal, wie viel Kummer es ihnen bereitete, Kinder zu sehen, die in „unterprivilegierte Familien" hineingeboren wurden. Andererseits waren sie auch von den körperlichen und emotionalen Traumata betroffen, die Frauen nach einer Abtreibung manchmal durchmachen. Aus ihrer Sicht war Abtreibung eine bessere Alternative, als in eine Familiensituation hineingeboren zu werden, die von Armut und Vernachlässigung geprägt ist.

Ich hörte ruhig zu. Als sie geendet hatten, sagte ich schlichtweg: „Das kann alles stimmen. Doch ihr betrachtet es nicht vom Standpunkt des Kindes aus." Sie schwiegen verblüfft. Der Standpunkt des Kindes? So hatten sie zuvor nicht gedacht.

Aus der Sicht der Seele des ungeborenen Kindes ist die schmerzvollste und tragischste Folge einer Abtreibung die „Abtreibung" des göttlichen Plans der Seele – die spezielle Mission, auf deren Erfüllung er oder sie gewartet hatte, manchmal schon Tausende von Jahren. Abtreibung durchkreuzt auch den göttlichen Plan für ganze Seelengruppen, die durch ihr Karma miteinander verkettet sind und ihre Mission nicht erfüllen können, weil einem Teil ihres „Teams" die Verkörperung nicht gelang. Sehr oft steht das Kind in karmischer Beziehung zu seinen Eltern und umgekehrt. Die Abtreibung des Kindes kann also unter Umständen alle Betroffenen daran hindern, ihr Karma gegenseitig aufzulösen und ihren vorgezeichneten Lebensplan für diese Inkarnation zu erfüllen.

Wenn wir noch einen Schritt weiter denken, stellt sich die Frage: „Was ist mit den Kindern, die von denjenigen hätten geboren werden sollen, welchen die Inkarnation versagt wurde?" Sie wurden auch um ihre Chance gebracht, ihren Platz als Erwachsene auf der Weltbühne einzunehmen. Der

2. Karmische Fäden

gesamten Weltgemeinschaft fehlen dadurch Persönlichkeiten, die eigentlich vorgesehen waren, um ihre Rolle auf der Bühne des Lebens in diesem Moment der Geschichte zu spielen.

Jeder von uns hat einen Termin mit seinem Schicksal und mit seinem Karma. Wenn wir den Termin verpassen, verpassen wir unsere Chance, alte Schulden zu begleichen, die wir bei bestimmten Menschen haben – und möglicherweise erhalten wir diese Gelegenheit lange, lange Zeit nicht mehr wieder.

Als diese beiden Kollegen aus dem Gesundheitsbereich dieses Thema aus der Sicht des Kindes zu betrachten begannen, wechselten sie ihren Standpunkt. Sie beschlossen sogar, zwei weitere eigene Kinder zu bekommen, obgleich sie beide bereits auf die Vierzig zugingen, und der Ehemann schrieb ein Buch über die spirituellen und psychologischen Auswirkungen einer Abtreibung.

Seelenpartner und Zwillingsflammen

"Liebe besteht nicht darin, einander anzustrahlen, sondern darin, gemeinsam in die gleiche Richtung zu blicken."

Antoine de Saint-Exupéry

Das Wissen über Karma und Reinkarnation kann uns viel über unsere Beziehungen verraten – einige schöne und einige unangenehme Dinge, doch allesamt sehr wichtig für das spirituelle Wachstum unserer Seele. Im späteren Alter sind die Beziehungen, die für gewöhnlich den größten Einfluss auf unser spirituelles Wachstum haben, die Beziehungen mit unseren Ehepartnern – in guten wie in schlechten Zeiten.

Ehen sind oft mit den verworrenen Fäden der vergangenen Geschichte der Partner gewoben. Aus der Sicht früherer Leben gibt es drei Grundtypen der Ehe. Der erste ist die Verbindung von Seelenpartnern. Diese Art von Seelen sind Kameraden

2. Karmische Fäden

im Sinne von Weggefährten, Teampartnern und Freunden auf dem Lebenspfad.

Seelenpartner lernen dieselben Lektionen mit ähnlichem Karma und arbeiten oft an einer gemeinsamen Mission miteinander. Wenn Seelenpartner in einem früheren Leben gemeinsam Konstruktives geschaffen haben, wird ihnen möglicherweise in diesem Leben eine noch größere gemeinsame Verantwortung und Mission übertragen. In gewissem Sinne sind Seelenpartner Spielgefährten im Klassenzimmer des Lebens. Es kann sein, dass Sie im Lauf der Geschichte Ihrer Seeleninkarnationen eine ganze Reihe solcher Verbindungen eingehen.

Die zweite Art der Beziehung ist die Verbindung von Zwillingsflammen. Unsere Zwillingsflamme ist unsere andere Hälfte, unser Gegenstück. Zu Beginn der Schöpfung gemeinsam geschaffen, sind Sie und Ihre Zwillingsflamme die einzigen beiden Seelen, die ihr einzigartiges Identitätsmuster miteinander teilen. Es kann sein, dass Sie in diesem Leben mit Ihrer Zwillingsflamme glücklich vereint sind oder nicht. Ihre Zwillingsflamme mag möglicherweise derzeit gar nicht inkarniert sein. Egal, wie die äußere Situation ist, auf inneren Ebenen sind Ihre Seelen eins in der Einheit ihrer göttlichen Realität.

Wir inkarnierten alle zusammen mit unserer Zwillingsflamme – einer von uns als der männliche, der andere als der weibliche Pol des göttlichen Ganzen –, um gemeinsam eine Mission zu erfüllen und spirituell zu wachsen. Wir hätten unsere schöne Beziehung als kosmisches Liebespaar auch durch die vielen Inkarnationen auf Erden hinweg fortgesetzt, wenn wir in Harmonie mit unserer ursprünglichen Natur, miteinander und auch mit Gott geblieben wären. Als wir von der Stufe der Perfektion herabfielen, schufen wir negatives Karma untereinander und mit anderen. Unsere Verstrickungen mit anderen erforderten es, dass wir mit ihnen inkarnierten, um das Karma, das wir geschaffen hatten, wieder aufzulösen. Nachdem ein karmischer Umstand zum nächsten führte, rückten wir in immer weitere Ferne von unserer ersten Liebe.

Platon sprach von der angeborenen Sehnsucht zweier Zwillingsflammen, zueinander zu finden. „Der Mensch", so schrieb er in seinem „Symposium", „ist stets auf der Suche nach seiner anderen

2. Karmische Fäden

Hälfte." Er sagte: „Uralt ist die Sehnsucht, die tief in uns eingepflanzt ist, uns mit unserer ursprünglichen Natur wieder zu vereinen, um aus Zweien eins zu machen und so den Staat zu heilen." Wenn Zwillingsflammen einander begegnen, so sagt Platon, „ist das Liebespaar versunken in Liebeszauber, Freundschaft und Intimität."

Manchmal gleichen wir, weil wir die Gelegenheit, die das Leben uns in vollen Zügen dargereicht hatte, nicht nutzten, Schiffen, die in der Nacht umherfahren, ohne zu wissen, wie nah und doch wie fern wir von unserer Zwillingsflamme sind. Ich erinnere mich an eine derartige Inkarnation, als ich in eine arme Familie in Paris hineingeboren wurde. Ich verbrachte mein Leben damit, viele Kinder aufzuziehen, zu waschen und über den Zaun im Hinterhof einen Klatsch zu halten. Im Hinblick auf meine Seelenentwicklung war es ein sehr ereignisloses, unfruchtbares Leben.

Wir alle haben großartige Verkörperungen hinter uns, aber auch solche, in welchen wir mehr Karma angehäuft haben, als wir auflösten. Das ist die Natur der menschlichen Erfahrung. Karma bringt uns auf den Weg, den wir einschlagen sollen, nicht unbedingt auf den Weg, den wir einschlagen wollen. Doch es liegt an uns, aus dieser Reise das Beste für unser seelisches Wachstum zu machen.

Als ich am Ende jenes Lebens in Paris auf dem Sterbebett lag, rief meine Familie den nächstgelegenen Priester herbei, um die letzte Ölung vorzunehmen. Es ergab sich, dass ein Priester, der in Frankreich herumreiste, in der Nähe war. Er kam herein, sprach die Gebete und spendete seinen Segen. Es war nur ein einfacher Priester, der auf der Durchreise war, doch es war gewiss kein Zufall.

Als er sich über mich beugte, blickte er mir in die Augen, und ich erkannte seine Augen. Es waren die Augen meiner Zwillingsflamme, die ich in meinem jetzigen Leben als Mark Prophet erkannte. Ein Blick in diese Augen, und ich sah die Vision unseres Schicksals. Durch diese fromme Seele, durch diesen ergebenen Priester erkannte ich, dass ich mein Leben verschwendet hatte. Als ich daher meinen letzten Atemzug tat, rief ich aus: „Une autre opportunité!" – „Noch eine Chance, bitte!" Dies war eine jener kurzen Begegnungen, die wir mit unserer Zwillingsflamme haben können, die uns wieder eng aneinander bindet und

2. Karmische Fäden

uns darauf vorbereitet, in Zukunft wieder aufeinander zu treffen.

Manchmal führen uns unser Karma und unsere Liebe um die ganze Welt herum und wieder zurück. Schon als kleiner Junge war Adrian auf Russland fixiert. Als er fünf Jahre alt war, arbeitete er einen Plan aus, wie er Geld verdienen könnte, um nach Russland reisen und die Menschen vom Kommunismus befreien zu können. Er liebte es, mehr über dieses Land zu erfahren und schloss das russische Volk oft in seine Abendgebete ein. Mit 13 Jahren wollte er nach Russland umziehen.

Nachdem er die High School absolviert hatte, immatrikulierte sich Adrian zu einem sechswöchigen Sommer-College-Kurs in Russland. Er hatte nur ein halbes Semester Russisch studiert. Nach seiner Ankunft verbrachte er seine Zeit absichtlich nicht mit seinen amerikanischen Studienkollegen, sondern unterhielt sich ausschließlich mit Russen. Innerhalb von nur zwei Monaten sprach er ihre Sprache. Drei Monate später sprach er so flüssig, dass die Russen, die er traf, der Meinung waren, er stamme aus den baltischen Staaten, da er nur einen leichten Akzent hatte.

Eine Zeit lang wusste seine neue Freundin Alexia nicht einmal, dass er Amerikaner war. Sie besuchte mit ihm das College und glaubte, er sei ein armer, russischer Student. Nach einem Jahr zogen sie nach Amerika um und leben seitdem zusammen. Was ließ Adrian um die halbe Welt reisen? Vielleicht seine früheren Leben oder ein Rest von Karma, das er dort noch auflösen musste. Vielleicht war es seine Zwillingsflamme, die an seiner Seele zerrte. Wie Alexias Mutter zu sagen pflegt: „Adrian kam hierher, um Alexia zu finden."

Manchmal stellt sich das Drama nicht so deutlich dar. Selbst wenn wir unsere Zwillingsflamme finden, kann es vorkommen, dass wir auf Hindernisse unserer Vereinigung treffen, solange, bis wir beginnen, Prioritäten zu setzen. Vielleicht müssen wir uns um unsere unerledigten Aufgaben kümmern – zunächst das Karma auflösen, das uns mit anderen verband –, bevor wir wieder mit unserer Zwillingsflamme zusammensein können.

Das Zohar, das Hauptwerk der Kabbalah, sagt, dass Gott uns mit unserer Zwillingsflamme zusammenbringen wird, wenn wir ein Leben lang in Reinheit und mit guten Taten verbringen – mit

2. Karmische Fäden

anderen Worten, wenn wir das Karma auflösen, das uns voneinander trennt. „Glücklich ist der Mensch, der in seinen Taten aufrichtig ist und den Weg der Wahrheit geht", berichtet uns die Zohar, „damit seine Seele ihren ursprünglichen Gefährten wiederfinden kann, denn dann wird er in der Tat perfekt."

Wir alle lernen im Lauf unseres Lebens auch, dass das Auffinden unserer Zwillingsflamme uns nicht auf magische Weise eine perfekte Beziehung verschafft – weil wir auch mit unserer Zwillingsflamme jede Menge ungelöstes Karma zu bewältigen haben! Eine Beziehung zwischen zwei Zwillingsflammen kann mindestens ebenso schwierig sein – wenn nicht noch schwieriger – wie jede andere Ehe oder Partnerschaft, weil sie sich möglicherweise in der Vergangenheit gegenseitig betrogen und verletzt hatten.

Indem Sie an Ihrem eigenen spirituellen Weg arbeiten und die Fähigkeit Ihres Herzens, mehr Liebe zu schenken und zu empfangen, stärken, werden Sie Ihre Zwillingsflamme zur richtigen Zeit und am richtigen Ort anziehen, sei es in diesem Leben oder in einem folgenden. Doch das ist nicht das oberste Ziel unserer Seele. Karma und Reinkarnation lehren uns, dass es nicht so sehr unser Ziel ist, unsere erste Liebe wiederzufinden, als überhaupt zu lieben.

Egal, wie eng die Beziehung ist, die wir mit jemandem haben, alle Liebe, die wir aufbringen, ist in Wirklichkeit für unsere Zwillingsflamme und für Gott bestimmt. Jede Liebe rückt uns unserer Zwillingsflamme und Gott näher. Liebe, und nur die Liebe, wird uns wieder zueinander zurück bringen. Liebe, und nur die Liebe, wird das Karma auflösen, das uns sowohl von der inneren als auch von der göttlichen Vereinigung mit unserer Zwillingsflamme abhält. Anstelle uns hierhin und dorthin suchend nach „dem/der Einen" umzusehen, können wir uns jetzt gleich vom Fleck weg auf den Weg zu unserer größten Liebe machen.

2. Karmische Fäden

 # Karmische Partnerschaften

"Die Ehe ist für zwei unperfekte Individuen die Chance, einander zu helfen, ihre jeweiligen karmischen Schulden abzuleisten, neue Seelenqualitäten zu schmieden und mehr spirituelles Verständnis und Stärke zu erlangen."

Dr. Gina Cerminara

Neben der Vereinigung von Zwillingsflammen und Seelenpartnern gibt es auch noch jene Begegnung der dritten Art – die karmische Ehe. Manchmal sehen wir ein Paar, das wenig gemeinsam zu haben scheint. Sie tragen jedoch gemeinsames Karma.

Bei der karmischen Ehe ziehen sich Personen gegenseitig an, um ihr gemeinsames Karma auszugleichen. Möglicherweise haben sie auch gemeinsames Karma mit anderen Seelen. Vor der Inkarnation haben sich mancher Mann und manche Frau geeinigt, bestimmte Kinder zur Welt zu bringen, die zu ihrem Gruppenkarma gehören.

Ihre Seele weiß, warum Sie sich in einer karmischen Beziehung befinden. Vielleicht wurde Ihnen von Ihrem spirituellen Lehrer oder von Ihrem Schutzengel gesagt: „Du und diese Person, ihr habt euch in einem früheren Leben gegenseitig missbraucht." Oder: „Durch deine Nachlässigkeit, durch dein Versagen, hast du einst den Ruin dieser Stadt verursacht." Oder: „Weil du dich deiner Verantwortung entzogen hattest, mussten viele Menschen verhungern. Nun müsst ihr gemeinsam dienen, um diese Angelegenheit wieder ins Reine zu bringen."

Dies sind keine unwahrscheinlichen Situationen. Die Ausläufer dessen, was wir durch unsere Selbstsucht oder dadurch bewirken, dass wir uns weigern, dem Leben zu dienen, reichen weit. Auf der inneren Ebene möchte die Seele, die auf ihrem Weg zurück zu Gott ist, tun, was immer sie tun muss, um die Fehler der Vergangenheit wieder zu berichtigen. Sie weiß, dass dies die einzige Möglichkeit ist, zur ursprünglichen Glückseligkeit zurückzufinden, von der sie aufgebrochen war.

Karmische Ehen sind manchmal von einer Hass-Liebe geprägt. Die Partner scheinen immer im Kampf gegeneinander zu stehen, und doch fühlen sie sich ohne einander erbärmlich. Sie scheinen ebenso intensiv zu lieben wie zu hassen.

2. Karmische Fäden

Dies ist eines jener Paradoxa im Leben, das nur im Kontext von Karma und Reinkarnation einen Sinn gibt. Oft basiert die stärkste Anziehung zwischen Menschen auf einer Beziehung in einem früheren Leben, die absolut hasserfüllt, geprägt von Verletzungen oder gar Gewalt war. Häufig besteht die einzige Möglichkeit, Karma zu überwinden, das von einem schweren Verbrechen oder Verrat herrührt, darin, in einer ehelichen Verbindung intensive Liebe auszudrücken. Das Universalgesetz des Karmas erfordert es, dass wir, wann immer wir einander gehasst haben, Liebe schenken müssen, um das Karma auszugleichen und die lodernden Flammen des Hasses zu ersticken.

Karmische Beziehungen können schwierig sein, weil alte Wunden wieder aufgerissen werden und karmische Begegnungen erneut stattfinden. Doch diese sind wichtig, weil genau sie uns die Gelegenheit geben, den Balsam der Liebe aufzutragen, um diese Wunden zu heilen. Sie helfen uns auch, negative Muster zu meistern, die uns davon fernhalten, unser Herz zu öffnen und mehr Liebe zu schenken und zu empfangen.

Jede Ehe kann ihre individuellen Herausforderungen beinhalten, aber auch ihre Verdienste, denn wir spenden unseren Beziehungen auch die Früchte unseres guten gemeinsamen Karmas. Wir können unsere Geschenke der Liebe und gegenseitigen Unterstützung auch teilen, selbst wenn wir die Schwachpunkte unseres Karmas herausarbeiten.

In unserem heutigen Zeitalter wickeln wir die losen Enden unseres Karmas mit einer Menge Menschen wieder auf, und daher kann es sein, dass wir in diesem Leben auch mehrere Beziehungen erleben – solche mit Seelenpartnern, Zwillingsflammen und karmischen Partnern. Ganz gleich, um welche Beziehung es sich handelt, der entscheidende Faktor, ob diese Beziehung gewinnbringend ist, ist nicht das Vorhandensein oder Fehlen von Karma. Entscheidend ist, wie sehr wir uns auf unserem Weg durch die Herausforderungen und unser Karma „hindurchlieben", weil wir je nach Einsatz eine Beziehung schaffen oder zerbrechen können.

2. Karmische Fäden

 # Gefangener der Liebe

„Was bestimmt, wie viel Karma du in diesem Leben auflösen kannst?... Es ist davon abhängig, wieviel Liebe du in das hineinfließen lässt, was du gerade tust."

Saint Germain

Manchmal ist die Anziehungskraft zwischen zwei Menschen unwiderstehlich. Zunächst gibt es niemanden auf der Welt, mit dem wir lieber zusammen wären. Da ist die Liebe, das Kribbeln, das die neue Beziehung auslöst, und früher oder später entschließen wir uns vielleicht sogar zu heiraten. Wir alle kennen das Sprichwort: „Die Flitterwochen sind vorüber." Das bedeutet, dass unser Karma eingeschlagen hat. Jetzt ist Herzensarbeit angesagt.

Doch warum haben wir uns anfangs gegenseitig so stark angezogen? Wenn wir vielleicht auch viel Karma mit unserem Ehepartner aufzulösen haben, war der erste Eindruck doch herzerfrischend, weil wir auf der unbewussten Ebene hocherfreut darüber waren, dass wir diejenige Person gefunden hatten, mit der wir das Karma auflösen könnten.

Wenn die Flitterwochen vorbei sind, hält uns unsere Seele aufrecht, die weiß, dass wir erst unsere karmischen Verpflichtungen einhalten müssen, bevor wir in die nächste Spiralwindung des Lebens eintreten und uns an unsere Herzensprojekte machen können. Wir spüren, dass, je schneller wir uns dem Gesetz des Karmas unterwerfen – nämlich dem Gesetz der Liebe –, desto schneller werden sowohl wir als auch unsere Partner von jenem Karma befreit sein.

Manchmal löst sich in dem Augenblick, in dem sich das Karma auflöst, auch die Beziehung auf. Es bleibt nichts mehr übrig, was sie zusammenhalten könnte, und die Menschen ziehen weiter, weil sie gerufen werden, an einer neuen Bestimmung zu arbeiten.

Ich habe festgestellt, dass Gott uns angesichts schweren Karmas zur Heilung alter Wunden oft die Gabe starker Liebe schenkt. Die Fähigkeit zu lieben und die Freigabe von Liebe sind Dinge, die ohne unseren bewussten Willen zu geschehen scheinen. Wir fühlen uns wie Gefangene der Liebe.

2. Karmische Fäden

Unser Verstand scheint uns zu sagen, dass wir diese Person nicht lieben sollen, doch unser Herz liebt weiter.

Ich habe dieses Phänomen bei mir selbst erforscht, weil wir eigentlich nur zu unserem Labor der eigenen Existenz gehen müssen, um die Lektionen des Lebens zu lernen. Völlig ohne Zutun meines Willens fing mein Herz für bestimmte Menschen Feuer. Ich erzeugte diese Liebe nicht. Ich entfachte das Feuer nicht. Gott legte es mir in mein Herz.

Wenn ich die Jahre zurückblättere und an meine Zeit an der High School zurückdenke, kann ich erkennen, wann Gott mir diese Art von Liebe für jemanden in mein Herz gepflanzt hatte. Nur ein Blick auf diese Person genügte, und in mir füllte sich jedes Mal mein Herz mit Liebe. Wieder war es so, dass ich niemals selbst diese Liebe entzündete. Die Liebe war da, und ich bemerkte sie. Dann war ich ihre Gefangene. In derartigen Fällen bringt uns unser Karma, das sich auf der Suche nach Erlösung befindet, zusammen, und unser Höheres Selbst verströmt ungeheure Liebe und Vergebung, um uns zu helfen, dieses Karma aufzulösen.

Gefangener der Liebe

Es ist, als durchtränkten wir den anderen mit Liebe. Wenn genug Liebe geflossen ist, um das Karma aufzulösen, wird der Wasserhahn urplötzlich abgedreht, und wir haben nicht mehr länger dieses intensive, drängende Gefühl der Liebe. Es ist im Vergleich dazu, wie wir uns vorher gefühlt hatten, nahezu unglaublich. Ich kann dies an meinem eigenen Leben ablesen. Ich strömte die Liebe aus, das Karma war ausgeglichen, und ich zog weiter meines Weges.

Ich machte diese Erfahrung, nachdem ich meinen ersten Mann kennen gelernt hatte. Ich arbeitete in einer Kirche der Christian Science und sah diesen jungen Mann, der etwa fünf Jahre älter war als ich. Er war Leiter der Jugendgruppe und studierte Jura. Als ich ihn zum ersten Mal einen Häuserblock entfernt erblickte, erkannte ich ihn, und er mich. Als ich ihm begegnete, sagte eine innere Stimme in mir: „Du musst ihm dienen." – „Wie denn bitte?", fragte ich. „Du kannst ihm bei seiner Arbeit helfen. Du kannst ihm mit der Jugendgruppe helfen."

Das tat ich denn auch. Als er krank wurde, hörte ich diese Stimme wieder: „Geh und kümmere

2. Karmische Fäden

dich um ihn", sagte sie. Immer wieder erhielt ich diese Anweisungen von innen, und immer wieder gehorchte ich. Dann, eines Tages, hielt er um meine Hand an. Wir feierten eine schlichte Hochzeit in New Jersey. Als ich aus der Kirche schritt, hörte ich wieder diese Stimme in mir: „Es ist nur für kurze Zeit." Ich war schockiert. Ich hatte geglaubt, eine Heirat sei etwas für die Ewigkeit.

Wir waren beide nach Boston zur Schule gegangen, doch um ihm durchs College zu helfen, pausierte ich mit meiner eigenen Weiterbildung eine Zeit lang. Ich arbeitete, machte den Haushalt und kochte ihm das Essen. Etwa zehn Monate später stieß ich auf den spirituellen Pfad, nach dem ich mein ganzes Leben lang gesucht hatte, und ich erzählte ihm davon. Er stellte mich vor die Wahl zwischen ihm und diesem Pfad. Ich musste ihn gehen lassen, denn ich wusste in meinem Herzen, dass ich meinen Sinn des Lebens entdeckt hatte.

Später erst verstand ich, dass ich, hätte ich diese Opfer für ihn nicht erbracht, mit meiner eigenen Karriere nicht vorwärts gekommen wäre und auch nicht Mark Prophet getroffen und geheiratet

Gefangener der Liebe

hätte, meine Zwillingsflamme. Ich lernte daraus, mich nicht zu scheuen, auf meine innere Stimme zu hören, anderen zu dienen oder zugunsten eines Mitmenschen Opfer zu bringen.

Wir wissen niemals, ob das Geschenk, das wir gerade machen, nicht vielleicht den letzten Heller einer karmischen Schuld begleicht, der uns befreit, um zu höherer Berufung aufzubrechen.

Wir werden wohl niemals genau wissen, welche Episode aus einem früheren Leben unsere augenblickliche karmische Schuld erzeugt hatte. Doch wir können normalerweise herausfinden, was wir jetzt tun müssen, um sie aufzulösen. Fragen Sie sich: „Welche Fähigkeit oder Tugend soll ich gerade perfektionieren?" Vielleicht behandelten Sie Ihren Partner (oder Ihr Kind oder Ihren Mitarbeiter) in der Vergangenheit in irgendeiner Hinsicht schlecht und müssen diesem nun zärtlichen, liebevollen Respekt erweisen. Vielleicht ignorierten Sie die Bedürfnisse Ihres Partners, hinderten ihn an seiner Karriere oder beeinträchtigten in irgendeiner Weise sein Leben, und müssen nun eine Zeit lang Opfer erbringen, damit er eine zweite Chance erhalten kann.

2. Karmische Fäden

Ich glaube, es ist wichtig, an einer Ehe zu arbeiten, und zwar hart zu arbeiten. Wir befinden uns in dieser Beziehung nicht ohne Grund. Es ist verführerisch, sich aus unangenehmen Situationen fortzustehlen, andere halbherzig zu behandeln oder ganz einfach unsere Zeit irgendwie herumzubekommen, „bis mir endlich das einzig Wahre begegnet". Dies ist eine erfolgreiche Möglichkeit, die Auflösung unseres Karmas hinauszuzögern – und es noch zu vermehren.

Wenn wir unsere karmische Verpflichtung „bestreiken", werden wir nur ganz einfach mit den gleichen Personen und den gleichen karmischen Elementen wieder konfrontiert werden. Unsere zukünftigen Beziehungen werden uns sehr wahrscheinlich eine nach der anderen wieder „mit der Nase" auf die gleiche Thematik und die gleichen Qualen stoßen, die wir das erste Mal erlebten.

Wenn Ihnen eine Situation ins Auge springt, betrachten Sie sie doch als optimale Chance, denn Sie wissen ja nie, wie lange Sie warten müssen, bis sich eine solche Gelegenheit wieder ergibt. Sie haben die Wahl, die Härte Ihres Herzens und das Karma mit der Glut der Liebe zum Schmelzen zu bringen, oder die Animositäten aufzugeben, die den Tag der Abrechnung lediglich verzögern. Das bedeutet nicht, dass Sie für immer in einer karmischen Beziehung bleiben müssen. Doch Sie müssen vielleicht hart daran arbeiten, um die Gründe für die Beziehung herauszufinden und dann sicherzustellen, dass Sie das Karma auflösen, sodass Sie am Ende beide aus der Beziehung gehen mit dem Gefühl, das Karma aufgelöst zu haben.

Wo sollen wir anfangen? Bei uns selbst. Wir können nicht wirklich die Handlungsweise eines anderen Menschen verändern. Wir können lediglich in Zukunft unsere Reaktion darauf ändern. Wir können bestimmen, dass wir in einer Situation solange festgefahren bleiben, bis wir unsere Eifersucht, unseren Groll, unseren Stolz oder unsere Wut überwunden haben. Wir können daran solange festhalten, bis wir für unseren Partner all das aufgebracht haben, was in unserer Macht steht, bis wir sagen können: „Ich empfinde für diese Person nur noch Liebe und ich liebe sie/ihn, egal was er oder sie sagt oder tut."

Natürlich müssen beide Partner willens sein, in Harmonie miteinander zu wirken. Wenn sich

2. Karmische Fäden

nur einer von beiden bemüht, kann es schwierig werden. Wenn es unmöglich ist, Karma auf der persönlichen Ebene zu lösen, weil die Beziehung mehr an Schaden heraufbeschwört als Gutes, und wir nur alte Muster neu kreieren, kann es vorkommen, dass wir die Beziehung beenden und uns nach anderen Möglichkeiten umtun müssen, um das Karma auszugleichen.

Außerdem ist es wichtig zu erkennen, dass in einer karmischen Beziehung der Punkt erreicht sein kann, an dem unsere gegenseitige Verpflichtung abgelaufen ist. Aus reiner Gewohnheit können wir zu uns selbst sagen: „Man erwartet von mir, dass ich diese Person liebe. Man erwartet von mir, dass ich diese Beziehung aufrechterhalte." Mit allem Gewohnten ist ein gewisses Sicherheitsgefühl verbunden, und wir können mit einer Situation leicht zufrieden und dann unbeweglich werden, wenn es eigentlich Zeit wäre, aufzubrechen.

Wie erfährt man, dass die alten Konten beglichen sind? Wenn sie beglichen sind, verspürt man Erleichterung und inneren Frieden. Man ist dann nicht mehr mit derselben Intensität miteinander verbunden. In derartigen Situationen müssen wir in unser Herz hineinspüren und uns durch tiefe Gebete, Meditation und Seelensuche auf Gott einstimmen, um die richtigen Antworten zu erhalten.

Nicht jede Beziehung ist „gesund"

„Die Schwierigkeit im Leben liegt in der richtigen Entscheidung."

George Moore

Sie werden in Ihrem Leben Schlüsselfiguren begegnen, bei welchen Sie das Gefühl haben, diese bereits von früher her zu kennen. Sie spüren, dass Ihnen mit diesen eine Aufgabe bevorsteht, sei es bei einem Geschäft, in einer kreativen Partnerschaft oder in einer Ehe. Sie werden andere Begegnungen haben, bei welchen Sie im ersten Augenblick zwar auch eine Anziehung oder ein Wiedererkennen wahrnehmen, doch

2. Karmische Fäden

gleichzeitig ein Gefühl von Risiko verspüren oder sich aus unerklärlichen Gründen unwohl fühlen.

Achten Sie auf diese Gefühle. Nur weil Sie jemanden in einem früheren Leben gekannt haben oder mit ihm verheiratet waren, bedeutet dies nicht, dass Sie mit ihm/ihr in diesem Leben verwickelt werden müssen. Eines Tages mögen Sie auf eine Person prallen, mit der Sie schweres Karma oder tiefe Emotionen verbinden, doch am Ende werden Sie beide nur alte, gestörte Muster wieder in Gang setzen, statt sie zu überwinden. Diese Art von Beziehung kann Sie nach unten ziehen, und Sie laden sich dabei eher neues Karma auf, anstatt es aufzulösen.

Vielleicht haben Sie nur ein Karma von wenigen Wochen mit dieser Person auszutragen. Sie können ihr/ihm jeden Dienst erweisen, zu dem Sie sich ihr/ihm gegenüber im Lauf des Lebens verpflichtet fühlen, doch Sie brauchen sich nicht in eine Beziehung zu verstricken, die für Ihr spirituelles Wachstum schädlich oder diesem abträglich ist. Beziehungen sind nicht dazu da, um uns „hinunterzuziehen".

Wir möchten also im Reich der Beziehungen keinerlei Gelegenheit auslassen, um von Herzen ein Geschenk zu machen, um Karma aufzulösen, wenn dies unsere Berufung ist. Gleichzeitig möchten wir nicht in einer Situation zementiert werden, die uns noch mehr Karma aufladen lässt und uns schließlich vom rechten spirituellen Pfad abbringt.

Wir haben immer die Wahl. Wir können entscheiden, ob wir uns mit jemandem, zu dem wir uns hingezogen fühlen, einlassen sollten oder nicht. Bei der Entscheidung, ob Sie heiraten möchten, können Sie sich beispielsweise fragen: „Möchte ich das Karma dieser Person teilen?" Denn wenn wir einem Mitmenschen die Unterstützung schwören, „in guten wie in schlechten Tagen, in Zeiten von Krankheit und Gesundheit", bedeutet das: „in karmischen Kreisläufen – den guten und den weniger guten".

Wenn Sie heiraten, übernehmen Sie das Karma Ihres Partners in dem Sinn, dass Sie ihm versprochen haben, ihm „durch dick und dünn" zur Seite zu stehen. So sollte es sein. Unsere Liebe ist so stark, dass wir einander mit ganzem Herzen auf jede uns mögliche Art und Weise unterstützen möchten. Eine Ehe mit dem richtigen Partner kann eine schöne, erfüllende Reise werden.

2. Karmische Fäden

Bevor wir die wundervollen Gelegenheiten zur Transformation voll ausschöpfen können, die das Karma uns bietet, müssen wir unterscheiden lernen, welche Mythen sich in unser westliches Verständnis von Karma und Reinkarnation eingeschlichen haben. In Teil 3 dieses Buches möchten wir einige dieser Hauptfallen des Karmas vorstellen.

Verlag

»Die Silberschnur« GmbH

Postfach 41

D-56590 Horhausen

////////////////////////////////// SILBERSCHNUR //////////////////////////////////
www.silberschnur.de · E-Mail: bestellung@silberschnur.de

Elisabeth Kübler-Ross

In Liebe leben

64 Seiten, gebunden, farbig
€ (D) 9,90
ISBN 978-3-89845-024-9

»In Liebe leben« ist die Essenz der Erfahrungen und Erkenntnisse der weltberühmten Ärztin und Sterbeforscherin Elisabeth Kübler-Ross. Durch ihr eigenes außerkörperliches Erlebnis und die Begleitung vieler Sterbender konnte sie Millionen Menschen die Angst vor dem Tod nehmen und die Bedeutung unseres Erdenlebens vermitteln.

Ein lichtvolles, liebevoll illustriertes Geschenkbüchlein, das uns daran erinnert, was das Wichtigste in unserem Erdendasein ist: »In Liebe leben«.

Ja, ich möchte gerne weitere Informationen erhalten.

Bitte senden Sie mir ○ per E-Mail *oder* ○ per Post

○ Ihr Verlagsprogramm ○ per E-Mail ○ Informationen zu Seminaren

Informationen zu Büchern über:

Jetzt NEU!

- ○ Astrologie
- ○ Gartenwelten
- ○ Romane

- ○ CD & Hörbuch
- ○ Lebenshilfe
- ○ Tarot & Karten

- ○ Esoterik
- ○ Mensch & Umwelt
- ○ Wissenschaft

Name, Vorname

Telefon E-Mail

Straße, Hausnummer

Land, PLZ, Ort

Ich erkläre mich einverstanden, dass der Verlag »Die Silberschnur« und Kooperationspartner meine Daten zu Direktmarketingzwecken verwenden dürfen.

Kapitel 3

Karmische Fallstricke

„Es erfordert unser beständiges Bemühen, das zu sehen, was sich vor unserer Nase abspielt."

George Orwell

Der Kelch des Vergessens

"Die Form hat sich schon tausendfach gewandelt. Betrachte eine Form immer nur in der Gegenwart, denn wenn du an Formen in der Vergangenheit denkst, trennst du dich von deinem wahren Selbst."

Rumi

Wenn wir bereits früher gelebt haben, warum erinnern wir uns dann nicht mehr daran, wer wir waren? Müssen wir überhaupt etwas über unsere früheren Leben wissen, um das Karma jener Leben wieder aufzulösen?

Die griechische Mythologie berichtet uns, dass Seelen, die eben erst hinübergegangen sind, und diejenigen, die wieder zur Inkarnation bereit sind, aus dem Fluss Lethe trinken müssen, dessen Wasser die Seele ihr vergangenes Leben vergessen lässt. Der gnostische Text „Pistis Sophia" handelt von der Seele, die das „Wasser des Vergessens" trinkt. Dr. Ian Stevenson berichtete, dass viele Thailänder, die sich an frühere Leben erinnern konnten,

3. Karmische Fallstricke

angaben, sich daran zu erinnern, „die Frucht des Vergessens" angeboten bekommen zu haben, bevor sie neu geboren wurden.

Der Schleier des Vergessens senkt sich nicht ohne Grund über uns herab. Der Grund dafür lautet: Gnade. Ghandi sagte einmal: „Es ist ein Liebesdienst der Natur, dass wir uns nicht mehr an vergangene Leben erinnern... Das Leben wäre eine Last, wenn wir solch eine gewaltige Flut an Erinnerungen mit herumtragen müssten." Genau so erging es Shanti Devi und Peter, deren Geschichten zuvor berichtet wurden. Nachdem Shanti ihren Eltern aus ihrem früheren Leben begegnet war, brach sie in Tränen aus und musste gewaltsam von ihnen getrennt werden, um in ihre neue, jetzige Familie zurückgebracht zu werden.

Der kleine Peter war, wie Sie sich erinnern, besessen von seinem früheren Leben als Polizist. Weil in seinem Fall seine Eltern nicht verstanden, was los war, und wie sie mit ihm umgehen sollten – seine Mutter befahl ihm ja, keine Märchen mehr zu erfinden –, hatte er weder die Unterstützung noch das nötige Handwerkszeug, um richtig damit umgehen zu können.

„Es war für Peter mit Sicherheit nicht hilfreich (sich an sein früheres Leben zu erinnern), und es schien es ihm zu erschweren, sich in dieses Leben hineinzufinden", schrieb Dr. Helen Wambach. Sie zog die Schlussfolgerung, dass „eine verfrühte Konfrontation mit Erfahrungen, die möglicherweise ein Trauma ausgelöst hat, nur die Last der Anpassung an unser jetziges Leben vergrößert". Mit der richtigen Unterweisung und Fürsorge kann man Kindern, die sich an frühere Leben erinnern, jedoch helfen, die Dinge zu verstehen und sie aufzuarbeiten.

Dr. Christopher Bache zeigt einen anderen Grund auf, weswegen die Erinnerungen an die Vergangenheit versiegelt werden: „Indem wir von unserer größeren Identität abgeschottet werden", sagt er, „verstärkt unser Gedächtnisverlust unseren Lerneffekt, weil wir vollständig auf die Erfahrung konzentriert sind, die wir im Augenblick durchleben. Werden wir jedoch abgelenkt und richten nur die Hälfte unserer Aufmerksamkeit auf das, womit wir uns gerade befassen, kann man dies für gewöhnlich an den Ergebnissen ablesen."[2] Dr. Joel Whitton und Joe Fisher fügen hinzu: „Ebenso, wie

3. Karmische Fallstricke

es für einen Studenten keinen Sinn macht, wenn er unmittelbar vor dem Examen mit Antworten überschüttet wird, so erfordert es auch die Prüfung unseres Lebens, dass gewisse Informationen eine Zeit lang vom bewussten Verstand ferngehalten werden."[3]

Eine Erinnerung an ein früheres Leben darf man nicht auf die leichte Schulter nehmen. Wenn Sie sich eines früheren Lebens bewusst werden, kommt das Karma jener Inkarnation zum Vorschein. Sie können es nicht länger ignorieren. Es kann sogar sein, dass die Erinnerungen Sie belasten. Daher liegt einer der Gründe, warum die Erinnerungen an frühere Leben nicht vorzeitig preisgegeben werden sollten, darin, dass wir nicht immer bereit sind, mit ihnen oder mit dem Karma umzugehen, das sie in unser Leben bringen. Daher hebt Gott den Schleier, der über unseren früheren Leben liegt, nur, wenn etwas ansteht, was unsere Seele von jener Erinnerung lernen kann und womit wir umgehen können.

Mir wurde einmal erzählt, dass ein Wahrsager Menschen in ihrer Jugendzeit ein früheres Leben enthüllt hatte, und sie es zehn oder zwanzig

Der Kelch des Vergessens

Jahre später immer noch nicht aus ihrem Kopf herausbrachten. Sie konzentrierten sich hauptsächlich auf diese eine Information, anstatt ihre Aufmerksamkeit und Energie darauf zu richten, vorwärts zu kommen und ihr Karma im jetzigen Leben aufzulösen, denn dort müssen wir es anpacken. In einigen Fällen wurden sie von Selbstverurteilung und Schuldgefühlen überwältigt.

Ein Hinweis zur Warnung sei angefügt: Nur weil jemand übersinnliche Fähigkeiten hat oder vorgibt, solche zu besitzen, bedeutet dies längst nicht, dass alles, was von ihm oder ihr kommt, zu 100 % stimmig ist oder bereits die ganze Wahrheit darstellt. Es ist darüber hinaus wichtig, nicht zu vergessen, dass der Ort, an dem unsere Erinnerungen an frühere Leben versiegelt sind, ein sehr privater Ort in unserem Innern ist, und dass wir andere vielleicht nicht bereitwillig dorthin einladen möchten.

Jeder von uns hat konstruktive Leben erlebt, aber auch Leben, die nicht so konstruktiv waren. Wir müssen jedoch nicht alle Details wissen, um das negative Karma verwandeln und spirituell wachsen zu können. Die Lebensumstände direkt

3. Karmische Fallstricke

vor unserer Nase sind wie eine Landkarte für unsere Bestimmung in diesem Leben.

 ## Karma ist nicht gleich Schicksal

„Karma ist sehr bedeutsam, doch von noch größerer Bedeutung ist die Wahl, die wir haben. Karma ist lediglich der äußere Rahmen für die Wahl."

El Morya

Was auch immer Sie sind oder nicht sind, Sie haben es verdient – das Gute, das Böse und das Lästige. Dies ist das Wesen des Karmas.

Was auch immer Sie sind oder nicht, Sie können es ändern. Auch dies ist das Wesen des Karmas. Weil Karma nicht gleich Schicksal ist.

Karma kann uns helfen zu verstehen, wie wir zu dem wurden, was wir jetzt sind – die Umstände unseres Lebens, die Ereignisse, die um uns herum

Gestalt annehmen, die Menschen, die uns magnetisch anzuziehen scheinen. Doch es weist uns nicht darauf hin, wie wir auf diese Umstände, Ereignisse und Menschen reagieren sollen. Das bleibt völlig uns selbst überlassen, und das bestimmt auch unser Schicksal. Wir handelten aus freiem Willen und schufen damit Karma. Wir können es durch unseren freien Willen auch wieder ändern. Die einzigen Grenzen unseres Fortschritts sind die, die wir selbst ziehen.

Wenn unser Karma einen frühzeitigen Tod vorsieht, ist es beispielsweise möglich, durch die Verwandlung unseres Herzens eine Lebensverlängerung zu erhalten. Wenn wir dem Leben mit ganzem Herzen dienen, wird das Leben uns etwas zurückgeben. Nichts ist endgültig, bis wir es nicht für endgültig abgeschlossen erklärt haben. Nichts ist vorbestimmt, bis wir es zu unserem Schicksal gemacht haben.

Dr. Whitton's Forschungen darüber, was zwischen den Leben stattfindet, enthüllen auch, dass karmische „Prüfungen" in unseren Lebensplan eingebaut sind. Ob wir diese Prüfungen bestehen oder nicht, bestimmt unseren Fortschritt in diesem Leben. Er führt das dramatische Beispiel

3. Karmische Fallstricke

eines jungen Mannes, Steve, an, der seinen Vater nicht leiden mochte.

Als sein Vater in einem Pflegeheim in Miami krank darniederlag, besuchte er den alten Mann nur sehr selten. Eines Tages bekam er den inneren Impuls, seinen Vater zu sehen. Als er ankam, entdeckte er, dass der Beatmungsschlauch seines Vaters sich gelockert hatte und dieser daher in Atemnot geraten war. Steve stand vor einer Wahl – er konnte seinen Vater entweder sterben lassen oder nach einer Schwester rufen. Er dachte einen Augenblick nach und rief dann die Schwester herbei, die den Schlauch wieder fixierte.

Später, mit 29 Jahren, wurde Steve auf dem Fahrrad seitlich von einem Lkw erfasst. Der Unfall hätte tödlich ausgehen können, doch er hatte Glück und kam nur mit einem Oberschenkelbruch davon. Mit Anfang vierzig erfuhr Steve unter Hypnose, dass zwischen diesen zwei Ereignissen eine starke Verbindung herrschte, und dass er vor seiner Geburt bereits davon wusste. „Mein karmisches Skript lautete klar und deutlich, dass die Entscheidung über Leben und Tod meines Vaters ganz eindeutig eine sehr wichtige Prüfung war, die ich mir selbst gesetzt hatte", sagte er. „Wenn ich ihm seine Übergriffe auf mich verzeihen könnte – die sich über mehrere Leben zu erstrecken schienen –, würde ich beim Fahrradunfall nicht ums Leben kommen."

Noch interessanter ist die Tatsache, dass Steve sagte, dass aufgrund seines Verhaltens in der Vergangenheit von ihm erwartet wurde, dass er seinen Vater wahrscheinlich sterben lassen würde. Nachdem er aber stattdessen seine Prüfung bestanden hatte, war sein erster Lebensplan abgeschlossen und skizzenhafte Pläne für zukünftige Leben wurden in das jetzige Leben vorweg mit hineingenommen.[4] Seine Entscheidungen bestimmten sein Schicksal, nicht umgekehrt.

3. Karmische Fallstricke

 Mit Vollgas ins Abseits

„Der beste Ausweg führt mittendurch."

Robert Frost

Eine weitere Karma-Falle ist die Versuchung, unser Karma zu umgehen. Es mag sein, dass wir Leben um Leben auf eine bestimmte Herausforderung prallen, doch weil wir nicht erkennen, dass es sich um eine getarnte Chance handelt, laufen wir in die entgegengesetzte Richtung, um die karmische Begegnung zu vermeiden. Oder wir reagieren auf die gleiche Weise wie damals, als wir das Karma schufen – mit Wut, Ungeduld oder Kritik –, wodurch wir uns nur noch mehr verstricken.

Wenn wir anfangen, die Dinge aus der Sicht des Karmas zu betrachten, erkennen wir, dass wir, solange wir die Prüfungen des Karmas, die uns förmlich ins Gesicht springen, nicht annehmen, immer wieder Reinkarnationen mit den gleichen Individuen oder gleichgearteten Umständen erleben, bis wir uns entschließen, diese Prüfungen zu absolvieren. Wenn wir den Dingen den Rücken zukehren, schieben wir lediglich den Tag hinaus, an dem wir gerade stehen, der Herausforderung ins Auge sehen und sie bewältigen müssen.

Es ist ganz natürlich, dass wir die Reibung karmischer Begegnungen vermeiden möchten. Solche Kollisionen bewirken oft, dass wir einen Teil von uns selbst betrachten müssen, den wir am liebsten nicht sehen würden. Doch Gott bringt bewusst Personen zusammen, deren karmische Muster aufeinander knirschen, sodass die rauen Kanten sozusagen aneinander abgeschliffen werden. Wie Meister El Morya lehrt: „Eine gewisse Reibung ist für jede Errungenschaft auf dem Weg erforderlich." Wenn jemand in Ihrem Leben das Schlechteste aus Ihnen herauskehrt, danken Sie Gott dafür. Sonst hätten Sie diese scharfe Kante womöglich niemals wahrgenommen. Jeder, der mit Ihnen zusammentrifft, bekommt die Schärfe zu spüren, solange Sie sie nicht abgerundet haben.

Die Erkenntnis, dass wir mit Vollgas ins Abseits laufen, weil wir alle versuchen, unser Karma zu umgehen, kann ganz unterschwellig erfolgen, besonders in einem kulturellen Umfeld, das dazu neigt, ein Bedürfnis danach zu schüren,

3. Karmische Fallstricke

die Unannehmlichkeiten und Schmerzen des Lebens schnell in den Griff zu bekommen. Doch Schmerz ist ein unglaublich effektiver Lehrmeister. Er signalisiert uns, dass in unserem Leben etwas aus dem Ruder läuft, dass etwas von unserer inneren „Blaupause" abweicht. Ganz gleich, ob es sich um seelische oder körperliche Schmerzen handelt, jeder Schmerz wird mit der Zeit immer intensiver.

Möglicherweise kommt jemand, ordnet die Moleküle Ihres Lebens neu, und Sie verspüren plötzlich anstatt des Schmerzes wieder Behaglichkeit, leben in Reichtum statt in Armut. Doch vielleicht haben Sie sich noch nicht mit den tiefen Dingen beschäftigt, die zu lösen Sie in diese Inkarnation getreten sind.

Vielleicht fällt es uns leicht, den gleichen Beruf zu ergreifen wie unser Nachbar und ein bequemes Leben zu führen, so wie er, weil es uns von unserem Karma oder unserer Pflicht im Leben abschottet. Dieses Ruhekissen gefährdet jedoch möglicherweise unseren spirituellen Pfad, wenn unser Karma und unsere Pflicht uns anderswo hinberufen. Vielleicht erwarteten unsere

Eltern, dass wir Richter oder Arzt werden, doch unser Herz sagt uns, dass wir im sozialen Dienst oder als Lehrer in einer Großstadt tätig werden müssen.

Die vielleicht extremste Form der Verweigerung ist der Selbstmord. Doch Selbstmord ist niemals ein Ausweg. Leo Tolstoi schrieb einmal in seinem Tagebuch: „Wie interessant wäre es doch, die jetzige Lebensgeschichte und die Erfahrungen eines Mannes niederzuschreiben, der in seinem früheren Leben Selbstmord begangen hatte – wie er nun erneut strauchelt angesichts der gleichen Anforderungen, die sich ihm bereits zuvor präsentiert hatten, bis er zur Erkenntnis gelangt, dass er jene Forderungen erfüllen muss."

Tolstoi hatte Recht. Wer Selbstmord begeht, wird mit den gleichen karmischen Dramen nochmals konfrontiert – und dies schnell –, denn diese Menschen werden sofort wieder in die Inkarnation geschickt, um dort weiterzumachen, wo sie aufgegeben hatten. Sie werden in ein Umfeld geboren werden, in dem sie sich mit genau den gleichen karmischen Themen von neuem befassen müssen.

3. Karmische Fallstricke

Wer leidet und selbstmordgefährdet ist, braucht unser Gebet und unsere Unterstützung. Welchen größeren Rettungsanker können wir diesen Menschen bieten als die Geschichte ihrer Seelenreise, den wahren Grund für ihre Existenz und die schönen Möglichkeiten, die ihnen offen stehen? Jeder von uns sollte sich als das spirituelle Wesen, das er ist, glücklich schätzen und auch motiviert sein, auf seinem individuellen Weg des spirituellen Wachstums weiter voranzueilen.

„Ungerechtes" Schicksal? – Der tiefere Sinn

„Die Tragik des Lebens liegt nicht so sehr darin, wie viel der Mensch leidet, sondern vielmehr, was er vermisst."

Thomas Carlyle

Eine der größten Fallen, die Karma schafft, ist es, wenn man sich mit jemandem auf ein emotionales Ping-Pong-Spiel einlässt. Wenn Sie die-

160

se defensive Stimme in Ihrem Kopf hören: „Er hat mich verletzt, er hat mich auf dem 'Kieker', er kann mich nicht so herumschubsen – das werde ich ihm heimzahlen", seien Sie auf der Hut... – Dann sind Sie im Netz gefangen. Gefangen im Netz von Aktion und Reaktion.

Die Versuchung in Ihnen sagt: „Los, werde wütend, schlag' um dich – komm' auf mein Niveau herunter." Sobald wir beginnen, uns im Schlamm zu wälzen und die Sache auf dem kleinsten gemeinsamen Nenner von Aktion und Reaktion auszufechten, ist es schwierig, uns aus dem Netz zu befreien. Die Versuchung lodert auf, und bevor wir es erkennen, haben wir uns mehr Karma aufgeladen, als wir eingangs hatten. Wenn wir diesen Teufelskreis nicht stoppen und uns stattdessen auf den höheren Pfad begeben, werden wir immer wieder zurückkehren müssen, um den Scherbenhaufen wieder zu richten – heute, morgen oder sogar in einem neuen Leben. Der beste Weg beginnt hier mit der Vergebung.

Doch im Angesicht von Tragödien fällt es schwer zu verzeihen. Wenn eine Tragödie zuschlägt, liegt die Versuchung nahe, uns selbst die

3. Karmische Fallstricke

Schuld zuzuschieben oder sogar, auf Gott wütend zu werden. Die Wut wird jedoch den Schmerz nicht beseitigen oder unsere Seele während dieser Feuerprobe stützen. Sie wird das Ganze nur noch verschlimmern. In den meisten Fällen können wir die innere Dynamik niemals sicher identifizieren, die die Tragödie ursprünglich entzündet hatte. Doch wir können uns dafür entscheiden, unser Herz zu öffnen und die tiefer liegende Botschaft zu erkennen, die an uns gerichtet ist.

Ich kenne eine Mutter namens Marie, die nach fast neun Monaten Schwangerschaft erfuhr, dass ihr Baby an einem tödlichen Chromosomendefekt litt. Dies bedeutete, dass ihr Kind wenige Minuten nach der Geburt sterben würde – wenn es den Stress der Geburt überhaupt überleben würde.

Als Marie mich anrief und mir dies erzählte, tröstete ich sie und erklärte ihr, dass Gott nichts ohne einen tieferen Sinn tut, und dass er ihre Familie aus einem tiefer liegenden Grund in diese Sache gezogen hatte. Ich sagte, dass Seelen sich verkörpern, um Lektionen zu lernen und zu erteilen. Ich erzählte Marie auch, dass sie, indem sie dieses

Kind austrug, jener Seele geholfen hatte, ein gewaltiges Karma aufzulösen.

Als das Baby geboren wurde, gerade einmal drei Pfund schwer, übertraf es alle Erwartungen. Es überstand die Geburt und blieb dank des Sauerstoffgerätes 70 Tage am Leben. Ihre Eltern nannten es Catherine. Dieses kleine Ding war unglaublich mutig. Es kam nicht nur freiwillig mit diesem Chromosomendefekt und damit mit gravierenden inneren Schäden zur Welt, sondern beschloss auch, in diesem Körper zehn Wochen lang auszuharren, sodass es sogar noch mehr Karma auflösen konnte.

Obwohl der Verlust von Catherine eine extrem schmerzhafte Erfahrung war, half das Wissen über die Zusammenhänge von Karma und Reinkarnation Marie erheblich. Sie musste immer noch ihren Schmerz verarbeiten und lernen, sich Gottes Plan zu fügen, doch sie litt nicht unter diesen quälenden Fragen, wie: „Warum ausgerechnet ich? Warum ausgerechnet sie?" Sie machte sich keine Selbstvorwürfe und beschuldigte auch nicht Gott dafür. In der Tat sagt Marie, dass der Schmerz dieser Erfahrung ihr eine

3. Karmische Fallstricke

Art Erleichterung verschaffte. Sie spürt, dass sie in anderen Leben schon viele Kinder verloren, den Schmerz jedoch geleugnet hatte.

Ich hatte das Gefühl, dass Marie, ihr Ehemann und deren vierjährige Tochter Catherine auf ihrem Lebensweg noch mal begegnen würden, und sagte es ihnen auch. Marie sagte später zu mir: „Die ganze Zeit über, solange Catherine am Leben war, schaute ich ihr nur in die Augen und bat Gott, sie mich bitte wiedererkennen zu lassen, wenn ich ihr wieder begegnen würde."

Eineinhalb Jahre nach Catherines Tod wurde Marie wieder schwanger. Sie gebar ein gesundes kleines Mädchen mit sechseinhalb Pfund – Chrystal. War die Seele von Catherine wieder gekommen? „Ich erkannte sie endgültig als Catherine, als sie geboren war", sagt Marie. „Chrystal hatte dieses leise Weinen, das genau wie das Weinen von Catherine klang." Einige Monate bevor Chrystal zwei Jahre alt wurde, sagte sie plötzlich zu ihrem Babysitter: „Ich hatte kleine Finger, und dann bin ich gestorben." Kürzlich schaute sich die Familie Bilder von Catherine an. Einige Stunden später hob Chrystal den Kopf hoch und sagte: „Als ich Catherine hieß, hielt mich Diedre im Arm." (Diedre heißt ihre ältere Schwester.)

Was Catherine betrifft, so glaube ich, dass ihre Eltern es freiwillig übernommen hatten, für sie da zu sein, während sie ihr Karma in jenem winzigen Körper büßte. Manchmal ist das der Grund, weshalb wir zum Mitakteur in einer tragischen Szene werden: Wir boten uns freiwillig an zu helfen. Doch Marie empfindet auch, dass sie viel von Catherine gelernt hat.

„Ich glaube, Catherine kam, um uns etwas über die Liebe, die Bestimmung und den Mut zu lehren", sagte sie. „Von Catherine lernte ich das Mitgefühl für alle Lebewesen, besonders für Menschen mit angeborenen Schäden. Sie half mir, Gott mehr zu vertrauen, selbstloser zu lieben und mehr Mitgefühl zu empfinden. Sie lehrte mich loszulassen. Und sie zeigte mir, dass wir anderen Hilfestellung geben können, wie sie ihr Karma auflösen können." Wir machen spirituelle Fortschritte, wenn wir, wie Marie, unsere Rolle nicht nur mutig spielen, sondern auch auf die Lektion achten.

3. Karmische Fallstricke

 # Nicht alles ist karmisch bedingt

„Wenn du über Menschen richtest, hast du keine Zeit, sie zu lieben."

Mutter Theresa

Das Leben ist verzwickt. Nicht alles kann sauber in Gemeinplätze eingeteilt werden, auch nicht unser spirituelles Leben. Ja, die Umstände unseres Lebens sind die Folge unserer guten und nicht so guten Gedanken, Worte und Taten, die sich zum Kreis schließen. Doch nicht immer.

Ich nahm einmal im Rahmen eines Seminars zum Thema: „Das Neue Testament und das Neue Zeitalter" an einem theologischen Dialog teil. Ein Pfarrer stellte die Frage: „Wenn wir uns in einer Situation befinden, in der wir offensichtlich schweres und übermäßiges Leid erfahren, sollten wir dann daraus ableiten, dass wir dies verdient haben, weil wir die Mechanismen von Ursache und Wirkung in Gang gesetzt haben, sei es in diesem oder in einem früheren Leben?"

Der Aufstieg der Seele

Energie enthalten die Aufzeichnungen guter Werke, die wir geschaffen haben – unser positives Karma.

Die Gestalt in der Mitte stellt das Höhere Selbst dar – unseren inneren Lehrer, besten Freund und die Stimme unseres Gewissens. Jeder von uns ist dazu bestimmt, die Attribute unseres Höheren Selbst zu verkörpern, das manchmal auch als „der innere Buddha" oder „der innere Christus" oder „das heilige Christusselbst" bezeichnet wird.

Der weiße Lichtschacht, der vom Herzen der ICH BIN Gegenwart zur Gestalt weiter unten reicht, ist die Kristallschnur – oder „Silberschnur", wie der Prediger Salomo es nennt. Es ist die „Nabelschnur" oder „Rettungsleine", die uns mit dem göttlichen Geist verbindet. Unsere Kristallschnur nährt auch den göttlichen Funken, der in der Geheimkammer unseres Herzens verborgen ist.

Die unterste Gestalt stellt uns auf dem spirituellen Weg dar, umgeben vom schützenden weißen Licht Gottes und vom reinigenden spirituellen Feuer des Heiligen Geistes, bekannt als „violette Flamme" (siehe S. 254 ff.). Der Sinn der Entwicklung unserer Seele auf Erden besteht darin, in der Selbstmeisterschaft zu wachsen, Karma aufzulösen, eins mit unserem Höheren Selbst zu werden und unsere einzigartige Mission zu erfüllen, sodass wir wieder in die spirituellen Dimensionen zurückkehren können, die unser wahres Zuhause sind.

Wenn das Unten (unsere verkörperte Seele, die unterste Gestalt) wie das Oben wird (das Höhere Selbst, die Gestalt in der Mitte), vereint sich unsere Seele wieder mit unserer ICH BIN Gegenwart (der Gestalt ganz oben), endlich vom Rad der Wiedergeburt befreit. Die drei Gestalten auf dem Bild unseres Göttlichen Selbst werden eins.

Kapitel 4

Karmische Wandlungen

„Warum sollten wir auf Erden bleiben, wenn nicht,
um zu wachsen?"

Robert Browning

Von höherer Warte betrachtet

„Es gibt auf Erden kein Ding, das man nicht aus kosmischer Warte betrachten kann."

Fjodor Dostojewski

Die Transformation beginnt mit einem Wandel der Perspektive, einer Verschiebung der Paradigmen. Sie erfordert, dass wir tief in uns hineingehen müssen, um die Perspektive des Herzens zu erlangen. Es erfordert auch, dass wir auf eine höhere Warte steigen müssen, wo die Details unscharf werden, doch die Kulisse und der Kontext klarer. Dieser Kontext beinhaltet fast immer Karma und Reinkarnation.

Einmal befand ich mich mit einer Gruppe von Menschen in San Francisco. Unter ihnen war ein älterer Herr. Als wir alle aus dem Wagen stiegen, schlug ich versehentlich die Autotür gegen seine Hand. Es war zwar keine ernsthafte Verletzung, doch schmerzhaft. Sie können sich leicht vorstellen, wie sehr mir dies Leid tat und ich mich dafür entschuldigte. Ich konnte nicht glauben, dass ich so etwas getan hatte.

Daraufhin sagte er etwas, was ich nie vergessen werde. Er schaute mich an und sagte: „Es ist schon gut. Mir ist das auch einmal bei einer anderen Person passiert. Sie haben es mir so ermöglicht, mein Karma aufzulösen." Ob dieser Mann nun Recht hatte oder nicht – ich dachte lange über seine Bemerkung und seine Einstellung nach. Wie schnell er diese höhere Sichtweise einnehmen konnte!

Die gleiche Lektion begegnet uns in einer alten Erzählung aus Tibet über einen ehrwürdigen buddhistischen Mönch, der fälschlicherweise des Diebstahls und des Schlachtens einer Kuh angeklagt wurde, obgleich er Vegetarier war. Der Mönch wurde in Ketten gelegt und in ein Erdloch gesteckt. Doch er sagte kein Wort zu seiner Verteidigung. Obgleich die Kuh wenige Tage später gefunden wurde, wurde der Mann, der für die Freilassung des Mönchs verantwortlich war, durch wichtige Aufgaben abgelenkt und vergaß den Gefangenen. Der Mönch blieb monatelang in der Grube.

Schließlich erhielt einer seiner Schüler eine Audienz beim König und erzählte ihm, was vorgefallen war. Der König beeilte sich, den Mönch zu befreien und flehte den alten Mann um Vergebung an. Er versprach, diejenigen zu bestrafen, die dafür verantwortlich waren. Der Mönch jedoch beschwor den König, niemanden zu bestrafen.

„Nun war ich an der Reihe zu leiden", gab er zu und erklärte, dass er in einem früheren Leben ein Kalb gestohlen hatte. Auf der Flucht vor seinen Verfolgern hatte er es bei einem frommen Mann zurückgelassen, der im Wald meditierte. Der fromme Mann wurde für das Verbrechen bestraft und sechs Tage lang in einem Erdloch angekettet. „Ich habe schon viele Leben gewartet, um meine Sünde zu sühnen", sagte der alte Mann, „und ich bin deinen Untertanen dankbar, dass sie mir die Gelegenheit geschenkt haben, mich von diesem Karma zu befreien."

Weder spirituell noch physisch kann Energie erzeugt oder zerstört werden, so besagt es der Energieerhaltungssatz. Drei Inkarnationen früher hat unsere heftige Wut vielleicht eine Kettenreaktion in Gang gesetzt, die anderen Schaden zufügte. Wir

4. Karmische Wandlungen

erinnern uns in keinster Weise mehr an dieses Wüten, doch jene Energie ist noch immer in Bewegung, negativ geladen.

Nun haben wir in diesem Leben ein Problem und sagen: „Wie kann Gott dies zulassen? Wenn es im Universum einen Gott gibt, warum ließ er dann zu, dass ich diesen schrecklichen Unfall hatte? Warum bin ich ständig von beleidigenden Menschen umgeben? Warum ist mein Kind tot zur Welt gekommen?" Wir werden wütend auf Gott, weil wir nicht erkennen, dass wir selbst Gott sind – wir sind der Gott unseres eigenen Universums. Wir haben Ursachen in Gang gesetzt, deren Auswirkungen auf uns zurückfallen werden – so sicher, wie jeden Tag die Sonne wieder neu aufgeht.

Carrie lernte diese Lektion im Verlauf einer körperlich und emotional sehr schmerzhaften Erfahrung. Vor einigen Jahren erlitt sie einen Segelunfall mit ihrem Freund David. Ihr kleines Schnellboot geriet ins Kielwasser eines größeren Bootes und wurde von den Wellen erfasst. Jedesmal, wenn das Boot sich auf einem Wellenkamm befand und auf und ab geschaukelt wurde, schlug ihr Körper gegen das Deck. Sie empfand höllische Schmerzen und konnte danach drei Monate lang weder richtig sitzen noch zur Arbeit gehen.

David war mit dem Boot zu schnell gefahren. Sein Leichtsinn hatte den Unfall verursacht, doch er übernahm dafür nie die Verantwortung. Inzwischen stieg Carries Arztrechnung immer weiter an, und sie plünderte ihre Ersparnisse, um ihren Rücken zu kurieren. David war schließlich bereit, 500 Dollar an Carrie zu bezahlen, was bei weitem nicht ausreichte, um die Rechnungen zu begleichen. Er gab ihr einstweilen 250 Dollar, doch als sie sich trennten, tauchte er mit dem Rest des Geldes nie mehr auf.

Zunächst war Carrie wütend und empört über Davids verantwortungslose Haltung und ihre eigene missliche Lage. Doch dann begann sie, die Dinge in einem anderen Licht zu betrachten. „Zunächst hatte ich nur auf mich geschaut", sagt sie. „Dann begann ich, zu mir selbst zu sagen: 'Wie wäre es, wenn du etwas heimgezahlt bekommst, was du jemand anderem angetan hast?' Das war ein unglaublicher Augenblick der Erleuchtung für mich. Ich dachte bei mir: 'Was immer auf dich zurückfällt, wäre es nicht eine bessere Idee, mit einer höheren

4. Karmische Wandlungen

Intention und auf einer höheren Handlungsebene zu reagieren, als nur die Opferrolle zu spielen?'"

Carrie sagt auch, dass sie etwas gelernt hat, was sie vorher nie so richtig verstanden hatte – sie lernte, *dass wir die Wahl haben.* „Ich erfuhr, dass wir verletzt und wütend und der anderen Person gegenüber hasserfüllt bleiben können", erklärt sie, „oder wir können ihnen verzeihen. Wir können im Dunkeln bleiben oder an einen Ort des Lichts ziehen."

Carrie sagt, dass dieser Unfall, so schmerzhaft er gewesen sein mag, in ihrem Leben zur positiven Kraft geworden ist. „Dieses Erlebnis machte es mir möglich, David zu vergeben und auch mir selbst – denn ich erkannte, dass ich eigentlich selbst so ein Mensch wie David gewesen war, vielleicht sogar noch schlimmer. Es hat aus mir einen mitfühlenderen und toleranteren Menschen gemacht, der sich seiner Handlungen viel stärker bewusst ist. Seitdem erlebe ich, dass sich, wenn ich mit Entscheidungen wie dieser konfrontiert bin, und ich den höheren Weg wähle, viele Türen auftun."

Die Geschichte war hier nicht zu Ende. Wie viele unserer schmerzhaften Erfahrungen, kann irgendetwas die Gefühle erneut auslösen. Jahre später schickte David aus dem Blauen heraus eine E-Mail an Carrie. Er war nun verheiratet und seine Frau erwartete ein Kind. Er war kurz zuvor auf ein Buch gestoßen, das Carrie ihm Jahre vorher geschenkt hatte, und wurde so an den Unfall erinnert. David erklärte, dass er wirklich versuchte, ein spirituelleres Leben zu führen, und er spürte, dass er nicht ehrenhaft gehandelt hatte, indem er sein Versprechen Carrie gegenüber gebrochen hatte. Er bot ihr an, die restlichen 250 Dollar zu überweisen.

Mit dieser Botschaft überfluteten die Erinnerungen und die Verletzung ihre Welt von neuem. Die meisten ihrer engsten Freunde rieten ihr, David nicht die Genugtuung zu verschaffen, sein Versprechen eingelöst zu haben, und sie neigte ebenfalls dazu. Ein Freund jedoch schlug einen anderen Kurs ein. Er erklärte ihr, dass David für sein eigenes spirituelles Wachstum ihre Einwilligung benötigte. Indem sie ihn so hart zurückwies, würde sich überhaupt nichts auflösen. Verbitterung würde nur die karmische Bindung verlängern. Vergebung jedoch würde sie beide befreien.

Da erkannte Carrie, dass sie noch immer eine Rolle in Davids Leben spielte, und er in ihrem.

4. Karmische Wandlungen

„Im größeren Rahmen ging es nicht mehr um das Geld, sondern um seine Seele – und auch meine –, die Erfüllung brauchte", sagt sie. „David versuchte, alles wieder gutzumachen. Das Mindeste, was ich tun konnte, war, sein Geschenk anzunehmen."

Sie gab David grünes Licht, den Scheck zu schicken.

„Ob das Karma nun zurückschlägt oder ob es sich um eine jener Situationen handelt, die wir selbst schaffen, weil wir die Lektion so gern lernen und daran wachsen würden", sagt Carrie heute, „wir müssen wirklich den Gesamtrahmen betrachten und dürfen nicht so selbstsüchtig und egozentrisch sein. Für mich besteht ein Teil der Lektion aus dieser Episode darin, innezuhalten und das zu betrachten, was wir gerade tun. Was wir tun, ist von Bedeutung. Es hat Konsequenzen, zuerst und vor allem für uns, aber auch für andere."

Die Kanäle öffnen

„Erlittenes Unrecht ist unbedeutsam – außer man denkt stets daran."

Konfuzius

Vergebung ist stets der Beginn des spirituellen Pfades. Doch Vergebung ist nicht immer einfach, besonders wenn es sich um schwere Vergehen gegen Körper, Geist oder Seele handelt. Vergebung wird noch schwieriger durch den Umstand, dass vielen von uns fälschlicherweise gelehrt wurde, dass sie den Fehltritt oder das Verbrechen beiseite wischt. Wir glauben, dass die Angelegenheit damit erledigt ist, wenn wir um Vergebung bitten oder jemand anderem vergeben. Dem Täter obliegt keine weitere Verpflichtung.

Dies ist ein Irrtum. Vergebung bedeutet nicht Absolution. Wir müssen dennoch die volle Verantwortung für unser Handeln übernehmen. Wenn man jemandem etwas stiehlt, mag er es verzeihen. Man muss aber dennoch das zurückgeben, was man entwendet hat, oder es ihm bezahlen.

4. Karmische Wandlungen

„Vergebung der Sünden bedeutet nicht Aufhebung der Sünden", lehrte Mark Prophet einst. „Gott mag darüber hinwegsehen, dass der Mensch einen Fehler begangen hat, und er mag nicht umgehende Wiedergutmachung einfordern – denn wenn die Schulden so mancher Menschen sofort eingefordert werden würden, wären sie auf spiritueller Ebene sofort bankrott! Daher sagt Gott: 'Gut, ich vergebe dir deine Sünden.' Doch das bedeutet nicht, dass alles Übel und jeder Fehler, den wir begangen haben, ausradiert ist. Wir müssen immer noch die Waagschalen ausgleichen."

Wenn Gott uns vergibt, ist unser negatives Karma (oder unsere Sünde) für eine Weile versiegelt. Es ist, als nähme uns Gott ein Bündel Karma vom Rücken, sodass wir den Pfad der Selbstmeisterschaft leichter gehen und uns besser auf die Prüfung vorbereiten können, wenn sie wiederkehrt.

So funktioniert das Universum. Wenn wir aus der Haut fahren oder wütend werden, werden wir erneut auf diese Formel der Vergebung und Geduld getestet. Der Test mag unter ganz neuen Umständen eintreten oder als „Replay" derselben Szene mit denselben Akteuren erscheinen.

Wie auch immer, wir müssen in jedem Fall nochmals zeigen, wie viel Liebe und Vergebung wir in die jeweilige Situation einfließen lassen können, um uns selbst und andere zu heilen.

Das genaue Wissen darum, wie das Gesetz des Karmas funktioniert, macht uns frei, uns in jeder Situation in Gottes Hände zu begeben. Wir können vergeben, ohne zu verzeihen, weil wir wissen, dass es unsere Aufgabe ist, Gnade zu verbreiten, und Gottes Aufgabe, die Gerechtigkeit auszustreuen, die der Seele helfen wird, ihre Lektionen zu lernen. Das Wann, Wo und Wie dieser Gerechtigkeit ist Gottes Sache, nicht unsere. Dies ist auch in der Bibel an der Stelle gemeint, wo es heißt: „Vergeltung ist meine Aufgabe. Ich werde es heimzahlen, sagt der Herr."

Auf praktischer Ebene betrachtet, kann unsere fehlende Vergebung energieraubend sein. So funktioniert es: Wenn wir etwas nicht losgelassen haben, binden uns die Wut oder der Groll, an welchen wir festhalten, weiterhin an diejenigen, welchen wir nicht vergeben. Unsere Aufmerksamkeit baut einen Energiekreislauf auf. Ob wir uns dessen bewusst sind oder nicht, ein Teil unserer Energie fließt, gefangen von unserem Geist und unseren Emotionen, stets auf diesem Pfad. Die Energie, die durch diesen Stromkreis rieselt oder strömt – je nach Situation –, steht uns dann beispielsweise nicht für unsere kreativen und liebevollen Bemühungen zur Verfügung.

„Aufmerksamkeit ist der richtige Schlüssel", sagt Meister Saint Germain. „Wohin die Aufmerksamkeit des Menschen gerichtet ist, dorthin fließt seine Energie." Wenn wir „vergeben und vergessen", befreien wir die Energie, die wir in alte Muster hineingesteckt haben, und führen sie wieder in den Kreislauf zurück. Die Vergebung ermöglicht es uns also, jene Energie wieder in etwas Konstruktiveres zu kanalisieren. Denken wir nur an all die Energie, über die wir verfügen können, wenn wir am Ende des Tages alles Gefühl von Ungerechtigkeit, Wut und auch Schuld angesichts unseres eigenen Versagens loslassen.

Saint Germain lehrt uns auch: „Wenn es im Leben irgendetwas gibt, dem du für irgendein erlittenes Unrecht, sei es reell oder nur in der Vorstellung, nicht verziehen hast, beschneidest du durch eben diesen Unwillen, durch eben dieses

Die Kanäle öffnen

Versagen der Vergebung, den Anteil an Vergebung, den du für jedes und alles Karma erhalten kannst." Hierbei handelt es sich um das gleiche spirituelle Prinzip, das Jesus uns durch das Vaterunser gelehrt hat: „Vergib uns unsere Schuld, wie auch wir vergeben unseren Schuldigern." Mit anderen Worten: „Vergib uns unsere eigenen Sünden und Fehler in *der gleichen Weise*, wie wir anderen deren Sünden und Fehler vergeben." Denn wir wissen, dass uns durch das Gesetz des Karmas nur soviel vergeben wird, wie wir auch anderen vergeben.

Zu vergeben, sobald bestimmte Themen auftauchen, ist eine Möglichkeit, dafür zu sorgen, dass sich nicht noch mehr Karma aufbaut. Es ist das Prinzip des „Mautzahlens". Wenn wir jemandem begegnen, dem wir nicht vergeben haben oder der uns nicht vergeben hat, sollten wir mit demjenigen sprechen oder ihm einen Brief schreiben. Wenn die Person bereits gestorben ist, kann man seine Gefühle in einem Brief niederschreiben, ihn verbrennen und die Engel bitten, den Inhalt dieses Briefes an jene Seele weiterzureichen.

Man kann die Kunst der Vergebung auch praktizieren, indem man sein eigenes Hingebungsritual

4. Karmische Wandlungen

erfindet, das man jeden Abend vor dem Schlafengehen durchführen kann. Ist man durch ungelöste Situationen belastet, können wir Gott darum bitten, uns zu vergeben und uns dabei zu helfen, anderen zu vergeben, und einen Kreislauf in Form einer Acht zwischen uns und denjenigen aufzubauen, die wir namentlich nennen. Als Teil jenes Rituals können wir Gott bitten, uns die praktischen Schritte zu zeigen, die wir am nächsten Morgen unternehmen müssen, um in Richtung Auflösung zu gehen. Ein universelles Gebet, das bereits ein erfolgreicher Bestandteil des Hingebungsrituals vieler anderer Menschen geworden ist, ist die Affirmation der Vergebung, die auf Seite 273 f. abgedruckt ist.

Manchmal unterbreitet uns Gott auch gewisse Erinnerungen an frühere Leben, um uns zu zeigen, wie wichtig es ist, zu vergeben. Donna erfuhr beispielsweise eine prägnante Erinnerung an ein früheres Leben und eine Meditation, die ihr zeigten, wie energetisierend und heilsam Vergebung sein kann. Diese Erinnerung heilte sie in der Tat von einem chronischen Husten, an dem sie seit zwölf Jahren gelitten hatte.

Donna hatte alles Erdenkliche gegen ihren Husten ausprobiert, doch keine Medizin und keine Behandlung, welcher Art auch immer, wirkten. Sie begann, darüber nachzudenken, inwieweit der Husten in irgendeiner Weise in vergangenem Karma verwurzelt war, obwohl sie keinerlei Ahnung hatte, was es sein könnte. Donna beschloss, eine Form der Meditation auszuprobieren, über die sie gelesen hatte. Dabei lädt man seinen inneren Lehrer ein, dabei zu helfen, die Erinnerung hinter der Krankheit aufzuspüren und aufzuarbeiten. In ihrer Meditation begegnete sie zu ihrer Überraschung Jesus. „Ich werde alles tun, was du willst, dass ich tue", betete sie zu ihm. „Ich werde alles durchmachen, was du willst, dass ich durchmache. Ich werde alles erleiden, was du willst, das ich erleide, damit ich bis zu dieser Erinnerung durchdringe."

Sechs Tage später wurde Donna sehr krank. Der Schmerz in ihrer Brust war qualvoll. „Es fühlt sich an wie ein Messer", sagte sie zu sich selbst. „Nein, wie ein Tomahawk." Es schmerzte so sehr, dass sie nur immer wieder nach Luft schnappen konnte. Nach drei nicht enden wollenden Wochen

4. Karmische Wandlungen

diagnostizierte man schließlich Lungenentzündung und begann eine Therapie, die sie genesen ließ.

Doch Donna konnte das Gefühl nicht loswerden, dass sie Schmerzen in der Brust hatte, die sich wie von einem Tomahawk anfühlten. Sie beschloss, wieder in die Meditation mit ihrem Höheren Selbst zu gehen, um zu schauen, ob das Tomahawk Teil ihrer Erinnerung an das Karma war, das hinter ihrem chronischen Husten steckte. Da sah sie die gesamte Szenerie:

„Die erste Szene zeigte mich, als ich in einem Planwagen lag", erzählt sie. „Ich erwartete ein Baby. Die Planwägen standen im Kreis. Männer kämpften gegen die Indianer. Mein Mann hatte mir gesagt, ich solle mich im Wagen verstecken. Ich konnte den schrecklichen Lärm des Kampfes hören, die Schüsse der Gewehre und die Schreie der Indianer.

Plötzlich war es still. Ich hörte Stimmen. Ein Indianer sprang auf den Wagen, in dem ich mich befand, und riss den Vorhang auf. Er fegte die Decken vom Bett, packte mich unter den Armen und zog mich zu Boden, wuterfüllt darüber, dass ich mich versteckt hatte. Dann sah ich, wie er seinen Tomahawk zog. Er stieß ihn mir in die Brust. Er

Die Kanäle öffnen

verfehlte mein Herz, und ich blieb am Leben, konnte jedoch kaum atmen. Er stieß wieder mit dem Tomahawk zu, diesmal in die Stirn. Dann verließ ich meinen Körper.

Die anderen Indianer eilten zu ihm. 'Warum hast du sie getötet?', schrien sie wütend. 'Unser Befehl lautete, keine Frauen oder Kinder zu töten!' Die anderen Krieger schlugen ihm in die Brust, weil sie so aufgebracht über sein Verhalten waren. 'Du wirst heute Nacht vor dem ganzen Stamm bestraft', sagten sie und banden ihm die Hände auf den Rücken.

Dann kamen die Engel, um mich abzuholen. Ich versuchte, ihnen Einhalt zu gebieten und sagte: 'Ich kann noch nicht gehen. Ich muss diesem Mann noch vergeben. Er tötete mich in einem Anfall von Wut. Er kannte mich nicht einmal. Ich muss ihm sagen, dass ich ihm vergebe.' Die Engel sagten: 'Das ist jetzt nicht möglich. Du musst mit uns kommen.'

Tage später brachten mich die Engel zurück, nicht zum Wagen, sondern zum Indianercamp. Ich eilte auf ein Tipi oben auf einem kleinen Hügel zu. Es kam Rauch heraus, und ich erkannte, dass es

4. Karmische Wandlungen

eine Schwitzhütte war. Der Indianer, der mich getötet hatte, befand sich darin, damit er eine Vision erlangte und Reue für das zeigte, was er getan hatte.

Als ich ins Zelt hineinschwebte, blickte er auf, erkannte mich und begann zu weinen. Er zitterte am ganzen Leib. 'Töte mich nicht! Töte mich nicht!', rief er immer wieder. Ich forderte ihn auf, still zu sein. 'Ich werde dich nicht töten', sagte ich. 'Ich möchte dir etwas sagen – ich vergebe dir, dass du mich getötet hast.' Er sagte, er glaube mir nicht und brach wieder in Tränen aus.

'Du musst mir versprechen, dass du nicht mehr in den Kampf ziehen wirst'" , sagte ich. 'Das kann ich nicht versprechen', erwiderte er. 'Ich bin ein Krieger.' Ich erzählte ihm, dass er fragen müsse, ob er zurückbleiben und die Frauen, die alten Menschen und die Kinder beschützen dürfe. Er beschloss schließlich, dass er dies tun würde. Als ich das Zelt verließ, eilten der Häuptling und die anderen Indianer zur Hütte, um zu sehen, warum er so geschrien hatte. Das alles sah ich in der Meditation. In dem Augenblick, als ich ihm vergeben hatte, war mein Husten weg."

Die Kanäle öffnen

Donna machte diese Erfahrung vor vier Jahren. Ihr chronischer Husten kehrte seitdem nie mehr wieder. Sie sagt, dass ihre Genesung dadurch angefacht wurde, dass sie die Szene nochmals aufgesucht und dem Indianer bewusst ihre Vergebung versichert hatte. Sie ist jetzt der Überzeugung, dass der Indianerkrieger aus jenem Leben ihr früherer Ehemann war. Ihr Ehemann wurde immer schnell sehr wütend über sie. Sie erinnert sich daran, dass er einmal im Beisein ihrer Kinder und eines Gastes einen Stuhl drohend hoch über den Kopf hielt und im Begriff war, damit auf sie einzuschlagen. Donna sagte ihm ganz ruhig, er solle den Stuhl hinstellen, und er tat es.

Seit ihrer Scheidung vor dreißig Jahren hat Donna ihren Exmann nur sehr selten wiedergesehen. Kürzlich jedoch trafen sie sich bei einer Familienhochzeit, und er verhielt sich ihr gegenüber ganz anders als je zuvor. In der Tat schien er richtig ekstatisch zu sein, sie wiederzusehen. Donna glaubt, dass es daherrührt, weil seine Seele spürte, dass sie ihm voll und ganz für die Gewalt vergeben hatte, die er ihr in jenem früheren Leben angetan hatte, und dass er nun im Frieden mit sich selbst war.

4. Karmische Wandlungen

Auf göttliche, nicht menschliche Signale reagieren!

„Die einzig richtige Reaktion auf Dinge im Außen ist, auf die Inspiration von hoch oben und von innen zu hören."

Kuthumi Lal Singh

"Wir sind eine Nation der Reaktionäre geworden", beklagte Mark Prophet einmal auf seine rationale Weise. „Wir sind Geschöpfe der konditionierten Reaktion", sagte er. „Jemand zieht am Faden, und wir tanzen. Wir lieben diejenigen, die uns auch lieben, und wir lieben wahrscheinlich die nicht, die uns nicht lieben. Doch so wollte uns der Vater im Himmel nicht haben.

Angenommen, Sie fahren Auto und gebärden sich wie eine Dame oder ein feiner Herr. Dann schneidet Sie jemand plötzlich unter Missachtung sämtlicher Verkehrsregeln – wie wirkt sich das auf Ihre Laune aus? In vielen Fällen ist es wie bei einem Thermometer, dessen Säule hochschießt. Ihre Schädeldecke droht Ihnen abzuspringen, weil diese Person

Auf göttliche, nicht menschliche Signale reagieren!

etwas begangen hat, auf das Sie gleich reagieren werden. Diese Gefühle übernehmen nun das Steuer. Sie sind Meister über uns, und wir sind ihr Sklave.

Auf jede Ursache folgt eine Wirkung. Das müssen wir lernen. Wir müssen auch lernen, uns selbst unter Kontrolle zu halten, sodass wir auf Gott reagieren, nicht auf den Menschen. Wir müssen auf göttliche Anreize reagieren, nicht auf menschliche Reize. Wir müssen diejenigen lieben, die uns nicht lieben. Wir müssen diejenigen, die uns verachten, verstehen und für sie Mitgefühl empfinden."

Richard lernte, wie wichtig es ist, die eigenen Reaktionen zu überprüfen, nachdem er eine Erinnerung an ein früheres Leben hatte, die ihn dazu zwang, die Wurzeln seines Unbehagens zu erforschen. Seit seiner Collegezeit litt Richard unter Rückenproblemen. Eines Nachts hatte er einen Traum. Er sah sich selbst in einer Armeeuniform während des Zweiten Weltkrieges. Er wusch sich morgens im Freien bei einem Bauernhaus, als plötzlich jemand, der sich im hohen Gras hinter ihm versteckt hatte, auf ihn anlegte und in den Rücken schoss. Er erwachte mit einem Ruck und hatte das Gefühl, dass seine

4. Karmische Wandlungen

Rückenschmerzen einen Bezug zu dieser Wunde hatten.

15 Jahre später deckte er die nächste Schicht dieser Erinnerung auf. Richard kam eines Tages zur Arbeit, um festzustellen, dass das Unternehmen, für das er seit Jahren arbeitete, Arbeitsplätze abbauen musste und daher seine Stelle gestrichen wurde. Er fühlte sich betrogen, besonders von Warren, einem der Hauptverantwortlichen für die Stellenkürzungen.

Als er Warren das erste Mal getroffen hatte, fühlte er eine starke Bindung zu ihm, ganz so, als kenne er ihn bereits von früher. Richard war von den Neuigkeiten erschüttert. Für ihn war nicht nur seine Arbeitsstelle gestrichen. Er fühlte sich ganz so, als sei er persönlich „von der Liste gestrichen" worden.

Richard begab sich in psychologische Beratung für Arbeitsprobleme. Durch den Prozess der freien Assoziation ging er zurück in seine Erinnerungen an den Zweiten Weltkrieg. Er stimmte sich in die Tatsache ein, dass er sich in der französischen Widerstandsbewegung befand, und Warren ein enger Freund von ihm war. Die Deutschen hatten Warren gefangen genommen und ihm gedroht, dass sie ihn, seine Frau und seine Kinder töten würden, wenn er nicht Richard töten würde. Es war Warren, der sich im Gras versteckt hatte. Um seine Familie zu retten, hatte er seinen guten Freund ermordet.

Richard verstand nun, dass seine starke Überreaktion auf den Personalabbau in Wirklichkeit eine Reaktion auf Warrens Verrat in dieser Szene aus dem Zweiten Weltkrieg war. In seinem Herzen konnte er spüren, wie traumatisch dieses Erlebnis für Warren gewesen sein musste. Daher konnte er ihm vergeben.

Endlich erkannte Richard, dass der Personalabbau in der Firma in Wirklichkeit eine versteckte Verletzung darstellte, wie es bei großen Veränderungen im Leben oft der Fall ist. Er wurde dadurch angespornt, eine Arbeit zu finden, die seiner Lebensmission mehr entsprach, eine Arbeit, die für ihn zum Sprungbrett seiner beruflichen Karriere wurde.

Er erkannte auch, dass der Stellenabbau, so schmerzhaft er auch war, ihn dazu angespornt hatte, sich mit der Thematik des Selbstwertgefühls

4. Karmische Wandlungen

auseinander zu setzen. Der Verlust seines Jobs war nur das letzte Glied in einer langen Kette von Ereignissen, die er als Angriff auf seinen persönlichen Wert empfunden hatte, als nur er selbst sich sein Selbstwertgefühl rauben oder auch schenken konnte. Er wusste, dass seine Seele und sein Geist einen sehr hohen Wert hatten, und dass er dies für sich selbst in Anspruch nehmen musste.

Nun, da Richard mit Situationen konfrontiert war, die ihm ungerecht erschienen, fällt es ihm auch leichter, sich selbst in den Griff zu bekommen. Er hält inne und erinnert sich, dass es sich nun wieder lediglich um eine neue Gelegenheit handelt, sein Selbstwertgefühl zu bestätigen. Er läuft auch nicht mehr vor allem Schmerz davon, wie er es früher tat. Stattdessen versucht er, auf den göttlichen Ansporn zu reagieren, der ihn dazu anstupst, tiefer zu blicken, um die verborgene Verwundung zu finden.

Das Zusammenspiel zwischen Karma und unserem Seelenleben

„Ich finde, das Großartige an dieser Welt ist nicht so sehr die Frage, wo wir stehen, als vielmehr, in welche Richtung wir uns bewegen."

Oliver Wendell Holmes Senior

Unser Seelenleben und unser Karma sind untrennbar miteinander verbunden. Wir können versuchen, mit den Themen unseres Karmas umzugehen, doch wenn es uns nicht gelingt, die Probleme in unserem Seelenleben zu lösen, die das Ergebnis unseres Karmas sind, werden uns stets dieselben emotionalen Auslöser zu denselben althergebrachten Handlungs- und Reaktionsweisen zwingen und so unsere Last des Karmas neu schaffen oder sogar verstärken.

Wir entwickeln bestimmte geistige und emotionale Reaktionen, die auf unseren Erfahrungen in diesem Leben basieren, doch wir haben auch Neigungen, die aus unseren früheren Leben stammen.

4. Karmische Wandlungen

Vielleicht meiden wir Konflikte, weil wir einst in einen Kampf um Leben und Tod verwickelt waren, oder wir bemuttern unsere Kinder in übertriebener Weise, weil uns unsere Kinder in einem früheren Leben weggenommen worden waren.

Sobald wir derartige Gewohnheiten oder Verteidigungsmechanismen, Phobien oder Abhängigkeiten entwickelt haben, tendiert unsere Energie auf natürliche Weise dazu, durch die Kanäle zu fließen, die wir bereits gelegt haben. Es erfordert Entschlossenheit, Know-how und die richtigen Werkzeuge, um neue Muster zu schaffen.

Falls wir beispielsweise ein Problem mit Geldverschwendung haben, das emotionale Ursachen hat, können wir sämtliche Finanzberater der Welt engagieren. Bevor wir nicht die karmischen Ursachen und die damit verbundenen psychologischen Themen verstanden haben, die uns zwingen, in rhythmischen Intervallen wie verrückt einzukaufen, werden wir niemals in der Lage sein, unsere Kreditkarten abzulösen. Daher ist es oft erforderlich, mit einem ausgebildeten Therapeuten zu arbeiten, der uns helfen kann, unsere psychologischen Probleme durchzugehen, während wir gleichzeitig unsere spirituellen Praktiken üben und die nötigen Schritte im physischen Bereich unternehmen, die unsere Situation erfordert.

Wie können wir wissen, dass eine Situation im Leben einen gewissen karmischen Touch trägt? Lucile Yaney, eine Psychotherapeutin, die an die Reinkarnation glaubt, sagt, dass ein Hinweis darauf ein Muster emotionaler Überreaktionen, verbunden mit unerklärlichen Ängsten oder Phobien sei. „Eine Person reagiert unter Umständen auf Situationen in der Vergangenheit dieses Lebens oder auch anderer Leben, wenn sie stärker reagiert als die augenblickliche Realität es erfordert", sagt Yaney, die seit 35 Jahren Beratungen gibt. Die augenblickliche Situation, die die Reaktion auslöst, ist nicht annähernd so bedrohlich wie das Ereignis in der Vergangenheit, doch wir empfinden sie und reagieren darauf in der gleichen Weise wie damals.

Wenn wir beispielsweise in einem früheren Leben gefoltert wurden, kann es sein, dass wir uns heute in einer Situation wiederfinden, in der wir auf Kritik reagieren, als würden wir angegriffen oder gefoltert. „In einem solchen Fall reagieren wir möglicherweise zurückhaltend und sagen

4. Karmische Wandlungen

nichts", erklärt Yaney. „Vielleicht haben wir ein übertriebenes Bedürfnis, anderen zu gefallen. Unter Umständen sind wir nicht in der Lage, für uns selbst Partei zu ergreifen, wenn wir einer Prüfung unterzogen werden. Stattdessen nehmen wir beständig die Opferrolle ein, gehen in die Defensive, schotten uns ab und „sterben" in der Tat ab.

Ein anderes Zeichen dafür, dass wir es möglicherweise mit Themen früherer Leben zu tun haben, ist die Intensität unserer emotionalen Befreiung, wenn es uns erst gelungen ist, eine Situation zu lösen. „Vielleicht triumphieren wir nur in einer ganz kleinen Sache", sagt sie, „wie etwa bei der Konfrontation mit einer Person, vor der wir Angst hatten. Doch es versetzt uns in absolute Hochstimmung. Es ist, als wenn all die Energien, die wir benutzen, um Erinnerungen an frühere Leben zu unterdrücken, entblockiert werden und uns nun zur Verfügung stehen."

Obgleich wir keine Einzelheiten unserer früheren Leben kennen müssen, um unser Karma erfolgreich abzuarbeiten, müssen wir willens sein, uns selbst zu beobachten und darauf zu achten, wie wir auf bestimmte Ereignisse reagieren. Wir müssen willens sein zu verstehen, dass es im Leben keine Zufälle, keine zufälligen Zusammentreffen gibt. Was auch immer sich vor uns befindet, ist aus gutem Grund so. Jede Begegnung ist eine Chance für uns, Karma zu seiner bestmöglichen Auflösung zu führen.

Es mag sechs verschiedene Möglichkeiten geben, mit einer Situation umzugehen, und alle mögen einiges an gutem Karma und guten Gefühlen hervorrufen, doch nur eine Möglichkeit wird die beste Lösung für Sie sein, und Sie werden es spüren. Nehmen wir beispielsweise an, dass Ihre Mutter in einem früheren Leben ein Kind war, das Sie im Stich gelassen hatten. Nun wird Ihre Mutter älter und benötigt besondere Pflege.

Weil Sie in der Vergangenheit Ihre Mutter vernachlässigt hatten, werden Sie sich nun stark dazu gezwungen fühlen, sich persönlich um sie zu kümmern, während Ihre Geschwister nicht unbedingt die gleichen Gefühle teilen müssen", sagt Yaney. „Ihre Brüder und Schwestern fühlen sich vielleicht im Gegenteil ganz prächtig dabei, die Sorgepflicht auf jemand anderen zu schieben, die Mutter eventuell sogar in ein gutes Heim zu bringen, wo sie

4. Karmische Wandlungen

fachmännisch gepflegt wird. Wenn Ihre Geschwister in der Tat frühzeitig anhand ihrer Berufe der Welt ihren Beitrag gegeben hatten, kann es sogar ein schlechter Dienst sein, den sie sich und anderen antun, wenn sie nun die Fürsorger für ihre Mutter werden. Sie würden in der Lage sein, Ihre karmische Verpflichtung zu spüren, indem Sie beobachten, wie Sie sich in dieser Situation fühlen würden", sagt Yaney. Aufgrund Ihrer karmischen Verantwortung würden Sie sich vielleicht stark und energetisiert fühlen, wenn Sie Ihre Mutter persönlich pflegen. Im Fall Ihrer Geschwister, deren vorrangige Pflichten in anderen Bereichen lagen, würden diese sich vielleicht verbittert und unerfüllt fühlen, wenn sie diese Aufgabe übernehmen müssten. Daher kann es vorkommen, dass unsere Pflicht ganz anders aussieht als die eines anderen, selbst wenn wir uns in der gleichen Situation befinden. Es hängt alles von unserer karmischen Vorgeschichte ab. Unsere Aufgabe ist es, unseren freien Willen zu gebrauchen, um der inneren Führung zu folgen, die uns zur besten Entscheidung leiten wird.

Die Rolle des Mitgefühls

„Der Gedanke des Mitgefühls basiert ganz und gar auf der klaren Erkenntnis, dass all diese Lebewesen Teile von einander und alle miteinander verflochten sind und in gegenseitiger Abhängigkeit stehen."

Thomas Merton

Mitgefühl gehört unabdingbar zu unseren karmischen Verwandlungen – Mitgefühl nicht nur für uns selbst, sondern auch für andere. Als Michael klein war, hatte er immer Schwierigkeiten damit, jemandem zu vertrauen, einschließlich seinen Eltern. Mit 15 Jahren beschloss er, ein freier Jugendlicher zu werden. Er teilte daher seiner Mutter mit, dass er in die Bücherei gegangen sei, um herauszufinden, was nötig sei, um sich legal von seinen Eltern zu befreien.

Statt wütend zu reagieren, nahm seine Mutter eine mitfühlende Position ein. „Ich nahm es nicht persönlich", sagte sie. „Ich war mir seines Kampfes wohl bewusst. Ich konnte verstehen, was er

4. Karmische Wandlungen

durchgemacht haben muss. Daher legte ich meinen Arm um seine Schultern und sagte: 'Weißt du, wenn du schlechte Eltern hättest, wäre es genau richtig, dies zu tun. Doch Liebling, in diesem Leben hast du gute Eltern bekommen, die dich unterstützen und auf deiner Seite stehen. Wir stehen hinter dir. Du brauchst dich nicht von guten Eltern zu befreien.'"

Am nächsten Tag bekam sie mit, wie ihr Sohn einem Freund am Telefon erklärte, dass er geplant hatte, die Formulare auszufüllen, um ein freier Jugendlicher zu werden, dass er jedoch festgestellt hatte, dass er eigentlich wirklich gute Eltern hatte und dies gar nicht zu tun brauche. „All die Energie um diese Problematik sank zusammen", sagte seine Mutter. „Sie stieg niemals wieder hoch." Sie hatte das Gefühl, dass jemand, dem Michael in einem früheren Leben sehr vertraut hatte, ihn betrogen hatte. Erst als seine Eltern ihn bei einigen harten Erfahrungen unterstützten, in welchen er eigentlich erwartete, dass sie ihn im Stich lassen würden, war er wirklich dazu in der Lage, ihnen zu vertrauen.

Bei Toni gab es auch ein Vertrauensproblem, das durch eine andere Art von Mitgefühl gelöst

Die Rolle des Mitgefühls

wurde. Solange Toni zurückdenken konnte, fühlte sie sich in der Gegenwart von Jungen unwohl. Als kleines Mädchen hatte sie nie viel Zeit mit Jungen verbracht. Als junge Frau hatte sie zwar die üblichen Freundschaften, hielt jedoch stets eine gewisse Distanz aufrecht.

Toni heiratete relativ spät im Leben. „Obgleich mein Ehemann stark und männlich war, war er auch sehr zärtlich", sagt sie. „Dennoch, wenn er seine Stimme nur leicht hob oder ein wenig reizbar wurde, bekam ich jedes Mal Angst und verkroch mich in mich selbst. Durch seine liebevolle, aufmerksame und schützende Art wurde ich allmählich offener. Doch stets blieb ein Teil in mir ihm gegenüber beziehungslos. Als ich verletzend und ganz offen zu ihm sein wollte, konnte ich es nicht. Ich wusste nie, warum."

Eines Tages, nachdem sie mehr als zehn Jahre verheiratet waren, beschloss Toni herauszufinden, warum sie diesen Zwang verspürte, Mauern zwischen sich und Männern aufzubauen, auch gegenüber ihrem Ehemann. Sie arbeitete mit einem Therapeuten zusammen, der eine Technik einsetzte, die es Toni ermöglichte, ohne Hypnose Zugang

4. Karmische Wandlungen

zu Ereignissen aus diesem und früheren Leben zu erhalten. Dies ist ihre Geschichte mit ihren eigenen Worten:

„Als ich die Augen schloss und versuchte, Kontakt zu meinen Gefühlen des Misstrauens aufzunehmen, sah ich mich als kleines Mädchen in einem anderen Leben. Es war sonnig, und ich spielte draußen. Die Welt schien schön und gut, und ich war sorglos und glücklich. Ich hatte bereits zu lange gespielt und wusste, dass ich zu spät zum Abendessen kommen würde. Um schneller nach Hause zu kommen, beschloss ich, durch den Wald zu laufen. Die Sonne ging bereits unter, und die Luft wurde schon leicht kühl. Als ich in den Wald kam, fühlte ich mich ein wenig unsicher. Doch ich ging weiter und sagte mir, dass es dort nichts zu fürchten gab.

Dann hatte ich das Gefühl, dass dort jemand war, nicht allzu weit weg. Im Schatten der aufsteigenden Nacht konnte ich die Gestalt eines Mannes ausmachen. Ich erkannte ihn bald als einen der Arbeiter auf der Farm meiner Eltern. Er war immer nett zu mir gewesen, doch nun schien er irgendwie seltsam. Ich wollte nicht in seiner Nähe sein.

Die Rolle des Mitgefühls

Ich wollte zu Hause in Sicherheit sein. Er kam näher und berührte mich. Alles, was dann folgte, war von einem Nebelschleier umhüllt. Schwärze bedeckte die ganze Szene. Das Nächste, was ich spürte, war, dass ich im eisigen Sumpfwasser lag und alles kalt und dunkel war. Ich war tot. Doch ich erinnerte mich an meine letzten Gedanken: 'Niemals mehr werde ich einem Mann vertrauen, und ich werde mich ihm niemals mehr hingeben.'

Nach einigen Überredungskünsten begab ich mich zu dem Punkt zurück, als ich erstmals erkannte, wer der Mann war. Ich erkannte, dass es nicht das erste Mal war, dass er dies mit jemandem getan hatte. Und doch denke ich nicht, dass er wirklich ein gemeiner oder böser Mann war. Er war einfach schwer gestört. Er war nicht richtig im Kopf. Für ihn war es, als hätte jemand anders, nicht er selbst, mich und die anderen verletzt. Als ich dies verstand, war ich in der Lage, Mitgefühl mit ihm zu haben und ihm zu verzeihen. Ich betete, dass er geheilt würde."

Toni stellte fest, dass sie seit dieser Erfahrung, die sie damals in jenem Leben gemacht hatte, die Lüge geglaubt hatte, niemals mehr einem Mann

4. Karmische Wandlungen

vertrauen zu können. In diesem schrecklichen Moment hatte sie die Entscheidung getroffen, stets einen Teil von sich selbst vorzuenthalten, selbst demjenigen, der sie nun am stärksten liebte. Sie verstand nun endlich, dass sie Männern unterschiedlich tief vertrauen konnte, abhängig von der individuellen Persönlichkeit – und dass sie ihren Ehemann vorbehaltlos lieben und ihm vertrauen konnte.

„Mir war eine große Last genommen worden", sagt Toni. „Nach der Sitzung kehrte ich in die Arme meines Ehemannes zurück und konnte die Liebe zu ihm spüren, von der ich immer wusste, dass sie da war. Meine Liebe verschmolz mit seiner Liebe. Sie umhüllte uns und wuchs über uns beide hinaus. Ich lernte, dass, wenn man jemanden verstehen, mit ihm mitfühlen und ihm verzeihen kann, selbst für ein abscheuliches Verbrechen, befreit ist zu lieben und geliebt zu werden."

Wenn wir Geschichten wie diese hören, neigen wir dazu zu denken, dass die prägnanten Probleme unseres Karmas und unseres Seelenlebens von einem einzigen, herausragenden oder traumatischen Ereignis herrühren, das uns dazu brachte, einen anderen zu schädigen oder zu traumatisieren, oder umgekehrt. Doch es sind auch der größere Rahmen der alltäglichen Einflüsse und unsere Reaktionen darauf, in diesem und in früheren Leben, die unser Karma, unseren Charakter und unser Seelenleben gebildet haben.

„Das ständige Hämmern unterminierender Einflüsse, tagein, tagaus, wie etwa die vernichtende Kritik der Eltern, kann unter Umständen ein größeres seelisches Trauma auslösen als ein einzelnes traumatisches Erlebnis", sagt Dr. Brian Weiss. „Ein Kind, das immer kritisiert wird, kann so viel Vertrauen und Selbstwertgefühl verlieren, wie jemand, der sich daran erinnert, dass er an einem bestimmten, grauenvollen Tag erniedrigt wurde." Er sagt, dass das tägliche Einhämmern „negativer Kräfte mit der gleichen Aufmerksamkeit erkannt und gelöst werden muss wie die, die man dem einzelnen, überwältigend traumatischen Ereignis widmet".[1]

Welche Dramen der Vergangenheit wir auch immer vor uns hertragen, wir sind die endgültigen Gebieter über unser Schicksal. Wir sind nicht die Opfer. Wir können das Werk unserer Seele vom Standpunkt der Verantwortung und des

4. Karmische Wandlungen

Mitgefühls eines Erwachsenen aus betrachten und sagen: „Okay, es gab diese unglückliche Situation in der Kindheit oder in einem früheren Leben, doch ich bin, der ich bin. Ich bin Sohn oder Tochter Gottes und beschließe den Lauf meines Lebens selbst. Ja, mag sein, dass ich eine chaotische Familie habe, doch ich will ihnen Gnade und Vergebung schicken. Meine Eltern und Bekannten sind für ihre Handlungen verantwortlich, doch ich bin ebenso verantwortlich dafür, wie ich auf sie reagiere.

Ich werde darauf achten, dass ich diejenigen Elemente in mir, die mich dazu veranlasst haben, negatives Karma zu schaffen, korrigiere. Ich werde auch darauf achten, dass ich meinen Kindern und denjenigen, die ich auf meinem Lebensweg treffe, eine bessere Chance biete, sie selbst zu werden. Im Lauf der Forschungen im Versuchslabor meines Selbst mag ich Fehler machen. Doch ich werde keine Selbstkritik üben. Ich werde von diesen Fehlern lernen und Fortschritte machen. Ich werde auch nicht vergessen, mich selbst zu lieben und diejenigen Elemente in mir zu feiern, die mir geholfen haben, gutes Karma zu schaffen."

Das Gold im Schlamm

„Reise von deinem Selbst zum Höheren Selbst und entdecke die Goldmine."

Rumi

Jemand erteilte mir einst den besten Rat, als ich merkte, dass ich die schlimmste Entscheidung meines Lebens getroffen hatte. Der Rat lautete: „Man lernt von einer falschen Entscheidung mehr als von einer richtigen." Wie James Joyce einst schrieb: „Fehler sind die Tore zur Erkenntnis." Doch viele unter uns verzeihen nicht, wenn es um unsere eigenen Fehler oder um falsche Einschätzungen geht. Wir können nicht so tun, als würden wir uns selbst vergeben, ohne die illusorische und schlüpfrige Ebene der „Perfektion" zu betreten.

Robert Kennedy erklärte einmal, dass „nur diejenigen, die es wagen, grobe Fehler zu machen, auch großartige Erfolge haben werden". In diesem waghalsigen Abenteuer, das wir Leben nennen, werden wir unausweichlich hier und da einen falschen Weg einschlagen. Das macht uns natürlich nicht weniger wertvoll. Es ist nötig, dem Schmerz, den wir vielleicht anderen durch unsere Fehler zugefügt haben, zu begegnen. Es ist nötig, mit der ganzen Empfindsamkeit unseres Herzens die Gewissensbisse zu spüren, die unsere Seele davon überzeugen, niemals wieder einen Teil des Lebens auf diese Weise zu verletzen. Doch es ist auch nötig, die Angelegenheit zu überwinden. Schuldgefühle sind der natürliche Feind unseres Wachstums.

Egal, welchen Fehler wir begangen haben, wir gaben zum damaligen Zeitpunkt unser Bestes. Nun ist es an der Zeit, uns selbst zu vergeben, in unserem Leben nach vorn zu gehen und unsere Augen auf das unermessliche spirituelle Potenzial gerichtet zu halten, das wir in uns tragen. Hierin liegt die Crux der Thematik. Wir alle verfügen über dieses unermessliche spirituelle Potenzial, doch wir akzeptieren es nicht immer, besonders, wenn andere uns herabsetzen oder wir uns selbst herabsetzen.

Um uns den Weg durch die alltäglichen Initiationen durch unser Karma zu bahnen, bedarf es nicht nur einer höheren Sichtweise der Problematik, sondern auch einer inneren Betrachtungsweise unserer eigenen göttlichen Wirklichkeit. Wir müssen wieder und immer wieder das Gold, das im tiefsten Kern unserer Identität schimmert, bestätigen.

Sowohl die Gnostiker der Buddhisten als auch der Christen benutzten das Bild vom „Gold im Schlamm", um uns zu helfen, unsere spirituelle Essenz zu verstehen. Sie sagten, dass das Gold unseres Geistes möglicherweise vom Schlamm der Welt verdeckt ist, dass jedoch der Schlamm die Schönheit dieses angeborenen Geistes niemals zerstören kann.

Der Buddhismus lehrt uns, dass ein jeder von uns den Spross oder das Samenkorn des Buddhas in sich trägt, und dass wir daher alle kleine Buddhas sind. Der buddhistische Text Uttaratantra erklärt diese Wahrheit mit folgender Analogie: „Der Spross des Buddhas gleicht dem Gold. Nehmen wir einmal an, das Gold, das ein gewisser Mann besaß, fiel bei seinem Tod in den Schmutz. Da es von Natur aus unzerstörbar ist, blieb das Gold dort viele hundert Jahre lang liegen." Der Text lautet weiter: „Der Herr erkennt die wahren Tugenden (das „Gold") der Lebewesen, die mitten in Leidenschaften versunken sind, die dem Schmutz

4. Karmische Wandlungen

gleichen." Um „diesen Schmutz abzuwaschen", lässt Buddha den Regen der höchsten Lehre auf alle Lebewesen herabregnen.

Die Gnostiker sprachen auch von unserer goldenen Natur. Gemäß Irenäus, dem griechischen Kirchenvater des zweiten Jahrhunderts, lehrten die Gnostiker, dass unsere „spirituelle Substanz" nicht verdorben werden kann, so wie „das Gold, wenn es im Dreck versunken ist", seine Schönheit nicht verliert, sondern „seine eigenen, naturgemäßen Qualitäten behält und der Schmutz keine Macht hat, das Gold anzukratzen".

Mit anderen Worten, es ist egal, wo hindurch wir gegangen sind. Es ist egal, wie viel Schmutz (Karma) auf unsere Seele gespritzt ist und unsere äußere Persönlichkeit auf der Straße des Lebens geformt hat. Es ist egal, was andere Menschen über uns sagen. Wir sind immer noch ein Kind Gottes – pures Gold. Wir sind zu dem spirituellen Abenteuer fähig, worauf wir das Geburtsrecht haben. Und der Pilot dieser Reise ist unser Höheres Selbst.

Unser Höheres Selbst ist Teil unserer Goldkammer. Unser Höheres Selbst ist unser angeborenes höheres Bewusstsein und unser Leitlicht, unser weiser innerer Lehrer und unser bester Freund. Jesus enthüllte dieses Höhere Selbst als den „Christus" und Gautama enthüllte es als den „Buddha". Daher wird das Höhere Selbst auch der „innere Christus" (oder „Christusselbst") oder auch „innerer Buddha" genannt. Die Hindus bezeichnen unser Höheres Selbst als „Atman", die christlichen Mystiker nennen es manchmal „das innere Licht" oder den „inneren Meister des Herzens".

Wenn wir uns inmitten einer schwierigen Situation befinden, ist unser Höheres Selbst unser größter Verbündeter und Lehrer. Wir können bewusst in unser Herz gehen, den Sitz unseres höheren Bewusstseins, und uns mit unserer inneren Stimme der Weisheit, die von unserem Höheren Selbst strömt, einstimmen. Wir können unser Höheres Selbst darum bitten, uns die spirituellen Kräfte aufzuzeigen, die in der jeweiligen Situation am Werk sind, welche Schritte wir tun müssen, um die Herausforderungen unseres Karmas zu lösen, und wie wir tagtäglich unser gutes Karma so stark wie möglich mehren können.

4. Karmische Wandlungen

 # Die Gnade unseres positiven Karmas

„Man kann den Auswirkungen des Karmas der Vergangenheit nicht entrinnen. Wenn jemand jedoch ein Leben im Gebet führt, kommt er mit einem kleinen Piekser im Bein davon, wenn er eigentlich eine tiefe Fleischwunde verdient gehabt hätte."

Sri Sarada Devi

Manchmal wird uns durch die Kraft unseres guten Karmas die so genannte „Gnade" geschenkt – eine Milderung, die wir nicht erwartet, jedoch dringend nötig hatten. Der indische Meister und Lehrer Paramahansa Yogananda erzählt eine Geschichte über den Meister Babaji, die darstellt, wie Gnade wirken kann.

„Eines Nachts saßen Babajis Schüler um ein Feuer, das für eine heilige Zeremonie angezündet worden war. Plötzlich ergriff Babaji ein brennendes Stück Holz aus dem heißen Feuer und strich damit leicht über die nackte Schulter eines Schülers, der nah am Feuer saß. 'Wie grausam!', entfuhr es einem der Schüler des Meisters. Doch Babaji erwiderte: 'Hättest du es lieber gesehen, dass er vor deinen Augen zu Asche verbrannt wäre, wie es die Bestimmung seines alten Karmas wäre?' Dann legte der Meister seine Hand auf die verletzte Schulter des Schülers und heilte ihn mit den Worten: 'Ich habe dich heute Abend vor einem qualvollen Tod gerettet. Das Gesetz des Karmas ist durch dein kleines Leiden am Feuer erfüllt.'[2]

Wir alle haben schon das gute Karma der Gnade in Aktion gesehen. Nehmen wir Beispiele aus der jüngsten Vergangenheit. Während Jan in den Bergen eine Radtour machte, hatte sie einen schweren Sturz und schlug mit dem Kopf hart auf einen Fels. Glücklicherweise war ihr Begleiter Ausbilder in Erster Hilfe und wusste genau, was zu tun war. Als zwei Touristen sich mit dem Auto überschlugen, war die erste Person, die am Unfallort eintraf, ein Notsanitäter, der mit seiner Familie zufällig vorbeifuhr. Was könnte, wenn wir es mit wiederkehrendem Karma zu tun haben, besser sein, als die sofortige Hilfe und Erleichterung, die uns unser positives Karma liefert?

4. Karmische Wandlungen

Rob, dessen dreieinhalbjährige Tochter kürzlich die Diagnose 'Leukämie' erhielt, staunte darüber, dass sowohl er als auch seine Frau in der Lage waren, die Art der Krankheit frühzeitig herauszufinden, bevor sie sich zu einer lebensbedrohlichen Situation zuspitzte. Seine Frau war Krankenschwester gewesen. Er hatte in den Sommersemesterferien seines Medizinstudiums bei der Erforschung von neuen Leukämie-Behandlungsmethoden mitgewirkt, später jedoch nicht die medizinische Laufbahn eingeschlagen.

„Es ist für mich ein Wunder, dass meine Tochter bei Eltern geboren wurde, die beide ihre vagen, jedoch lebensbedrohlichen Symptome rechtzeitig erkennen konnten", sagt Rob. „Unsere früheren Erfahrungen in der Medizin nahmen uns auch ein wenig den ersten Schock, dem die meisten Eltern in dieser Situation ausgesetzt sind, und wir sind bestens darauf vorbereitet, in den nächsten zwei Jahren für ihre Pflege und Behandlung eine kleine 'Klinik' zu Hause zu betreiben."

Während Rob und seine Frau in der Kinderklinik waren, wo ihre Tochter die ersten Tage zur Notversorgung verbrachte, erwähnte Rob einem Arzt gegenüber, dass er und seine Frau bereits einen Monat vor der tatsächlichen Diagnose Leukämie als mögliche Quelle für die alarmierenden Symptome bei ihre Tochter erwogen hatten. „Viele der Eltern oder Verwandten der Kinder, bei welchen Leukämie diagnostiziert wird, sind in der Tat Krankenschwestern oder sonst im medizinischen Bereich tätig", klärte ihn der Arzt auf – Gottes Gnade in Aktion.

Auch ich selbst erfuhr etwas über das Wesen des wiederkehrenden Karmas und der Gnade, als ich College-Studentin an der Universität von Boston war. Das Beispiel mag unbedeutend erscheinen, doch die Wirkung der Lektion war dauerhaft. Ich wollte gerade zur Tür meines Studentenwohnheimes hinauseilen, als ich eine innere Stimme vernahm, die mir riet, meinen dicken Wintermantel und meine Handschuhe mitzunehmen. Es war ein herrlicher Frühlingsmorgen, sodass ich bei mir dachte: „Das ist das Verrückteste, was ich je gehört habe. Okay, ich werde den Mantel anziehen, aber nicht diese dicken Handschuhe. Das ist einfach zu heiß!"

Also warf ich mir den Mantel über und rannte die Straße hinab, damit ich nicht zu spät zu

4. Karmische Wandlungen

meiner Vorlesung kam. Ich überquerte eine Straße zwischen einigen Autos hindurch, die an einer Ampel stehen geblieben waren – und es tat plötzlich einen Schlag. Ein Fahrrad kam die Autos entlanggesaust, fuhr mich an und warf mich zu Boden. Ich konnte mich mit meinen nackten Händen abfangen. Der mit Pelz gefütterte Mantel schützte meinen Körper, doch meine Hände waren aufgeschlagen. Wenn ich meine Handschuhe angezogen hätte, hätte ich nicht einen Kratzer abbekommen.

Es gibt Zeiten und Orte, da verschmelzen wir mit den Kräften, die wir in der Vergangenheit in Bewegung gesetzt haben – unser Karma – und genau das passierte mir an jenem Tag. Mein Höheres Selbst hatte das Karma abzumildern versucht, indem es mir einen Hinweis gab. Doch mein dickköpfiger Verstand war nicht in der Lage, dies zu akzeptieren. Daher kam ich um den vollen Profit der Gnade, jedoch ganz sicher nicht um die Lektion.

Ein weiterer Faktor bei der Abmilderung von Karma ist die Tatsache, dass Karma Zeit braucht, um sich im Körperlichen festzusetzen. Zunächst begibt es sich durch die ätherische, mentale und emotionale Ebene des Seins. Wir haben also, bevor das Karma im Körperlichen einschlägt – bevor die Frucht unseres Karmas voll ausgereift ist – Zeit, das Ergebnis entweder zu verlangsamen oder abzumildern. Bevor eine Krankheit beispielsweise körperliche Wirklichkeit wird, können wir sie auch abwenden, wenn wir die emotionalen oder karmischen Ursachen, die dahinterstecken, auflösen.

Es gibt auch andere Wege der Gnade. Wie wir in der Geschichte von Babaji und seinem Schüler erfahren haben, können wir uns einen gewissen Karma-Erlass verdienen, wobei wir dann nur ein symbolisches Zeichen für das volle Karma erhalten, das ursprünglich vorgesehen war. Eventuell dürfen wir ein gewisses Karma auf andere Weise auflösen, als davon zermalmt zu werden. Oder uns wird ein Zeitaufschub gewährt, bevor das Karma fällig wird.

Angenommen, das Karma eines Mannes diktiert, dass er im Alter von 49 Jahren einen bestimmten Rückschlag oder eine Katastrophe erleiden soll. Der karmische Rat, jene Gruppe der spirituellen Aufseher, die wir in Teil 3 vorgestellt haben, mag unter Umständen aufgrund seiner Aufrichtigkeit,

4. Karmische Wandlungen

seiner guten Arbeit und des Lichts, das er durch seine spirituelle Praxis angesammelt hat, eine Korrektur vornehmen. Vielleicht beschließt diese Jury, dass das Karma erst nach weiteren zehn Jahren fällig werden soll, sodass er mehr Zeit mit seinen kleinen Kindern verbringen oder seine spirituellen Gaben weiterentwickeln kann.

Gnade bedeutet jedoch nicht, dass unsere Fehltritte der Vergangenheit nun gänzlich gestrichen werden. Ebenso, wie das Konzept der Vergebung missverstanden wurde, so auch das Konzept der Gnade. Fortgeschrittene spirituelle Wesen wie Jesus, Gautama Buddha, Kuan Yin oder Maria können für ihre Anhänger einschreiten – und tun es auch –, sodass das Karma zeitweise außer Kraft gesetzt werden kann. Doch das enthebt uns nicht unserer Verantwortung. Die Verzögerung schenkt uns Zeit, stärker zu werden und uns besser darauf vorzubereiten, mit unserem Karma würdevoll umzugehen, wenn es schließlich vor unserer Tür steht.

Leider sind viele von uns mit einem grundlegenden Missverständnis des Prinzips der Gnade auf der Grundlage dessen aufgewachsen, was uns über Jesus gelehrt wurde. In der Tat hat Jesus schon immer eine besondere Rolle gespielt. Er war und ist der große spirituelle Meister, der auserwählt war, im Fische-Zeitalter als Förderer zu inkarnieren. Seine Mission lag darin zu zeigen, wie man die Ganzheit „des Christus" erlangt (eine andere Bezeichnung für das Höhere Selbst, oder den „Sohn"), sodass auch wir erfahren, wie wir mit unserem Höheren Selbst eins werden können. Das ist die wahre Rolle eines „Retters" – eines, der bemächtigt ist, uns dabei zu helfen, uns wieder an unsere Quelle anzuschließen, nicht einer, der unsere Verbindung zu dieser Quelle ersetzt.

In seiner Rolle trug Jesus die Last des negativen Karmas oder der „Sünden" der Welt für die letzten 2.000 Jahre. Das bedeutet, er schützte uns vor den vollen Konsequenzen unserer Missetaten. Im Wesentlichen gab er uns eine Art Gnadenfrist. Er war freiwillig bereit, uns dabei zu helfen, die Last unseres Karmas zu tragen, bis wir stark genug waren, es selbst zu tragen.

Im Lauf der Erdgeschichte haben auch andere Adepten aus Ost und West das negative Karma der Menschheit für Tausende von Jahren durch ihr spirituelles Bewusstsein außer Kraft gesetzt. Das

4. Karmische Wandlungen

bedeutet aber nicht, dass sie die Schuld gestrichen haben. Sie gaben uns nur Zahlungsaufschub. Auf unserem Übergang vom Fische- ins Wassermannzeitalter in diesem neuen Jahrtausend müssen wir nun unserem Karma ins Auge blicken. Jeder von uns muss die Verantwortung übernehmen und seine eigene Last tragen.

Es ist eine Zeit, in der wir alle dazu aufgerufen sind, unsere spirituelle Reife unter Beweis zu stellen.

Während dieser Zeit der Aufaddierung des Karmas können wir alle die Früchte unseres guten wie auch des negativen Karmas, des individuellen Karmas wie auch des Gruppenkarmas ernten. Daher sehen und fühlen so viele von uns eine Beschleunigung in unserem Leben. Es scheint mehr in noch weniger Zeit zu leisten zu sein, und die Hürden scheinen immer höher gesteckt zu werden. Doch wir verfügen auch über die spirituellen Werkzeuge und Techniken wie niemals zuvor, um auf unserer Reise zur Selbsterkenntnis die Meerengen erfolgreich zu durchschiffen.

Aufruf zur Eigeninitiative

„Selbst wenn du dich auf dem richtigen Weg befindest, wirst du umgerannt, wenn du einfach nur dasitzt."

Will Rogers

Wir können durchs Leben gehen und uns von der rauen See treiben lassen. Wir können aber auch lernen, uns durch die unvorhergesehenen Stürme hindurch zu manövrieren und sicher auf unser Ziel zuzusteuern. Wir können dem Wind gestatten, in dieser oder jener Richtung zu wehen. Wir können aber auch lernen, den Wind zu unseren Gunsten zu drehen. Es ist eine Frage der Eigeninitiative und der Selbstführung.

Auf dem Weg zur spirituellen Verwandlung müssen wir Forschergeist entwickeln. Sind wir bereit, Paradoxa zu betrachten? Sind wir bereit, unsere Reaktionen auf Ereignisse zu beobachten? Sind wir bereit, auf die Botschaften zu hören, die in den Falten einer jeden Herausforderung verborgen stecken? Sind wir bereit, uns selbst – oder unserem

4. Karmische Wandlungen

Höheren Selbst – einige bohrende Fragen zu stellen und dann auf die Antwort zu lauschen?

Diese Art von Erforschung kann uns helfen, die Fäden des Karmas bis zum Ursprung unserer Schwierigkeiten zurückzuverfolgen. Sie kann uns helfen, Karma-Fallen zu erkennen. Selbstreflektion kann uns zu einer Sichtweise auf höherer Stufe verhelfen – einer Sichtweise, die wir bitter nötig haben, da wir oftmals nicht auf die äußeren Umstände reagieren, sondern auf das, woran uns diese Umstände erinnern. Der Blick hinter die Akteure und die Handlungen auf das innere Drama und den karmischen Kontext kann uns helfen, die Angelegenheit nicht mehr nur subjektiv zu betrachten und den Stachel aus einer Thematik zu nehmen.

Letztendlich ist weder das Leben noch der Weg der Auflösung eine Frage der Schuld nach dem Motto: „Wer war es?" Die Person, die uns verletzt zu haben scheint, kann das Werkzeug unseres Karmas sein, das uns zeigt, wo wir in der Vergangenheit nicht in Liebe gehandelt haben. Vielleicht spielt sie einfach die ihr zugeteilte Rolle, sodass wir etwas über uns selbst lernen können, das wir vorher nie kannten. Wir brauchen dieser Person ihr Handeln nicht zu vergeben. Doch wir können den Überbringer der Botschaft segnen, ihm Liebe schicken und dann einen Blick nach innen tun, um zu schauen, ob es dort etwas Neues zu lernen gibt.

Im Folgenden finden Sie einige Schlüsselfragen, die Ihnen auf Ihrer Reise zur Selbstverwandlung helfen können. Dies sind die Fragen, auf die Sie immer wieder zurückgreifen können, wenn Sie sich festgefahren fühlen oder das Gefühl haben, dass es eine Lösung auf höherer Ebene gibt, die es in Erfahrung zu bringen gilt:

Fragen zum Nachsinnen über die Botschaft und ihre Überbringer:
- Wer oder was sind derzeit die Boten meines Karmas?
- Was soll ich aus dieser Situation wohl lernen?
- Was will der Schmerz oder das Unbehagen mich lehren?
- Was soll ich geben?
- Gibt es jemanden, dem ich verzeihen muss, vielleicht auch mir selbst?

4. Karmische Wandlungen

Fragen zum Nachdenken über meine eigenen Reaktionen:
- Sind meine Reaktionen den Umständen angemessen oder zeige ich eine Überreaktion?
- Was ließ mich so reagieren?
- Wann war ich bereits einmal in einer ähnlichen Situation bzw. wann fühlte ich mich schon einmal so wie jetzt?
- War diese Reaktion Teil eines meiner Muster?
- Wie kann ich mitfühlender reagieren – auf mich und andere?

Fragen zum Nachdenken über meine Verantwortung:
- Welche meiner Gewohnheiten veranlasste diesen Vorfall?
- Inwieweit bin ich verantwortlich dafür?
- Gibt es etwas, das ich bei der Konfrontation mit mir selbst vermeide?
- Wo habe ich es zugelassen, dass sich meine Energie und meine Aufmerksamkeit in negative Verhaltensmuster verfangen haben?

Fragen beim Erwägen des nächsten Schrittes:
- Was muss ich tun, um diese Herausforderung in eine Chance zu verwandeln?
- Welche Techniken aus meiner spirituellen Werkzeugkiste kann ich in dieser Situation anwenden?
- Welche positiven Verhaltensweisen und Einstellungen muss ich weiterentwickeln, sodass ich das Karma rechtschaffen und richtig auflösen kann, wenn diese karmische Herausforderung das nächste Mal bei mir anklopft?
- Gibt es jemanden, der mich auf dem Weg durch diese Sache begleiten kann?
- Welches ist die nächste Bestimmung meines Karmas?
- Worauf sollte ich mich jetzt konzentrieren?

Fragen zum Reflektieren über das höchste Gut:
- Wie kann ich aus meinem guten Karma – d.h. durch meine guten Eigenschaften und Talente – den größten Nutzen ziehen, um die Lösung bei meinen Herausforderungen richtig anzugehen?
- Welche ist die beste Lösung auf höchstem Niveau, die in dieser Situation möglich ist?

4. Karmische Wandlungen

Der Sternenatlas unseres Karmas

„Ein Kind wird an dem Tag und zu der Stunde geboren, zu der sich die kosmischen Strahlen in mathematischem Einklang mit seinem individuellen Karma befinden."

Sri Yukteswar

Ein weiteres Werkzeug, das wir im Hinblick auf den Umgang mit unserem Karma benutzen können, ist die Astrologie. Astrologie ist sozusagen wie ein Sternenatlas unseres Karmas. Unsere Geburtskoordinaten verraten uns das positive Karma (in Form unserer Talente, Fertigkeiten und Gaben) und das negative Karma (in Form von Herausforderungen und Hindernissen), das wir aus unseren früheren Leben mitbringen. Sie verraten uns die guten Stoßkräfte, auf die wir als Wind in unseren Segeln zählen können, sowie welche Lektionen wir in diesem Leben zu lernen haben.

Für manch einen hat Astrologie den Touch einer abergläubischen, seichten Spielerei. Wird sie jedoch richtig interpretiert, kann diese alte, tiefgehende Wissenschaft uns Auskunft geben, wann Zyklen mit positivem Karma und wann Perioden mit karmischen Herausforderungen bevorstehen, und welche Form diese höchstwahrscheinlich annehmen werden. Man kann den Verlauf der Zyklen des wiederkehrenden Karmas auch mit Hilfe eines Systems der spirituellen Astrologie, das als „kosmische Uhr" bekannt ist, kartieren.[3]

Yogananda erzählt in seiner „Autobiografie eines Yogi", dass sein Lehrer, Sri Yukteswar, ihn gelehrt hatte, dass, nur weil Unwissende und Scharlatane „die alte Sternenkunde (die Astrologie) in aktuellen Misskredit gebracht haben", dies nicht bedeutet, dass es sich dabei nicht um eine tiefgehende Wissenschaft handelt. „Alle Elemente der Schöpfung sind miteinander verbunden und beeinflussen sich gegenseitig", sagte er. „Der harmonische Rhythmus des Universums wurzelt in Reziprozität."

Doch Astrologie ist genauso wenig mit Vorbestimmung gleichzusetzen wie Karma. Die Astrologie zeichnet ein Bild der Möglichkeiten, die auf dem karmischen Material fußen, das aus vielen

4. Karmische Wandlungen

Ereignissen auf der Bühne unseres Lebens gesammelt wurde. Unsere Astrologie und unser Karma sind nur ein Teil des Dramas. Im Mittelpunkt der Bühne steht unser freier Wille. „Der Mensch", so sagt Sri Yukteswar, „kann jede Beschränkung brechen, weil er sie vorher selbst durch seine eigenen Handlungen geschaffen hat, und weil er spirituelle Ressourcen besitzt, die dem Planeteneinfluss nicht unterworfen sind."[4]

Wie werden wir auf die Chemie unseres wiederkehrenden Karmas reagieren? Werden wir die Verantwortung übernehmen und die Lektion der Vergangenheit lernen? Oder werden wir wieder in die gleichen Muster verfallen? Unsere Antwort auf diese Fragen wird unser späteres Schicksal bestimmen – und nicht die Stellung der Gestirne am Himmel.

Die Macht
von Herz und Hand

„Wahre Spiritualität, wie sie in unserer heiligen Lehre gepredigt wird, ist völlig ausgeglichen in ihrer Kraft und in der Wechselbeziehung zwischen dem Innen und Außen."

Rabindranath Tagore

Nicht jedes Karma wird auf die gleiche Weise geschaffen und auf die gleiche Weise aufgelöst. Manchmal mögen wir gezwungen sein, unser Karma durch den direkten Kontakt zu den Personen aufzulösen, mit welchen wir uns in der Vergangenheit Karma aufgeladen hatten. Manchmal können wir unser Karma abarbeiten, indem wir den gleichen Herausforderungen gegenübergestellt werden, die wir beim letzten Mal nicht lösten, die wir jedoch in einem anderen Umfeld lösen können. In anderen Fällen müssen wir vielleicht eine Zeit lang eine Last in unserem Körper, in unserem Geist oder in unserem Gefühlsleben mit herumtragen, weil wir in der Vergangenheit

4. Karmische Wandlungen

eben jene Last einem anderen aufgebürdet hatten.

Ob die spirituellen Traditionen unserer Welt nun Reinkarnation und Karma einschließen oder nicht, sie alle besitzen spirituelle Techniken, um Karma aufzulösen – beginnend bei der Buße und Sühne der Christen, über die Mitzvahs (guten Taten) der Juden bis hin zum achtfachen Pfad der Buddhisten.

Die spirituellen Praktiken zur Auflösung des Karmas umfassen alles, angefangen beim Dienst am Nächsten, über Gebete bis hin zu anderen beschleunigenden Techniken der spirituellen Reinigung. Sie beziehen unser Herz, unseren Kopf und unsere Hände mit ein. Wir haben mit Herz, Kopf und Hand Karma ausgelöst – wir können dieses Karma auch auf genau die gleiche Weise wieder auflösen.

Unsere „Hände" sind ein Symbol für unsere Handlungen. Was wir tagtäglich tun und auch nicht tun, auch, wie wir uns in unserem beruflichen Leben darstellen, spielt eine entscheidende Rolle bei der Auflösung von Karma. Egal, was unsere Berufung oder unser Beruf ist, unsere Arbeit ist stets

Teil unseres spirituellen Weges, und von Zeit zu Zeit müssen wir uns fragen: „Dient das Werk meiner Hände der Gesellschaft? Verbessert es die Lebensqualität derer, die in meinen Wirkungskreis treten?"

Wenn wir es ganz auf den Punkt bringen, ist die Art und Weise, wie wir auf körperlicher Ebene mit unserem Karma arbeiten, nicht sehr komplex. Wir beginnen damit, indem wir uns der Notwendigkeit zuwenden, die gerade ansteht, anstelle diese zu ignorieren, weil sie nicht in unseren Plan zu passen scheint. Sehen Sie sich in Ihrem unmittelbaren Umfeld um. Ist der Fußboden schmutzig – scheuern Sie ihn! Muss das Geschirr gespült werden – tun Sie es! Braucht jemand Ihre Pflege – pflegen Sie ihn! Hat einer Ihrer Familienangehörigen soeben seinen Job verloren und sind Sie in der Lage, ihn zu unterstützen – öffnen Sie Ihr Herz und schenken Sie ihm Ihre Hilfe! „Wenn man sich selbst schenkt, beflügelt dies die Umwandlung von Karma, und man bewegt sich weiter vorwärts in den Zyklen des Seins", sagt der Adept Dijwal Kul. Wo immer Sie gerade sind, achten Sie auf das Notwendige und packen Sie es an.

4. Karmische Wandlungen

Wir gleichen Karma jedoch auch durch die Aktivität unseres Herzens aus. Wie ist es uns gelungen, uns Karma auf der Herzensebene aufzuladen? Durch jeden Augenblick, in dem wir nur auf uns selbst ausgerichtet waren und jemand anderem Gottes Liebe entzogen haben. Immer dann, wenn wir nur auf uns selbst ausgerichtet und daher nicht großzügig sind, sondern kalt und daher nicht tröstend, unsensibel und daher nicht mitfühlend, schaffen wir Karma auf der Herzensebene. Wir können dieses Karma auflösen, sobald wir die heilenden Kräfte der Liebe einsetzen.

Karma mit dem Herzen auszugleichen bedeutet, das Herz zu öffnen und mit Weisheit zu geben. Es bedeutet nicht, sich davor zu scheuen, mehr Liebe auszuströmen, selbst wenn diese Liebe vielleicht zurückgewiesen wird. Diese Liebe wird von Gott niemals zurückgewiesen. Diese Erkenntnis hat mir geholfen, alle möglichen Beziehungen als Lernerfahrungen und Chancen zu betrachten, mehr Liebe zu geben, selbst wenn ich zurückgestoßen werde.

Eines Tages traf ich, anscheinend zufällig, völlig unerwartet jemanden, den ich schon seit Jahren nicht mehr gesehen hatte. Ich erkannte, dass ich ihn, als ich ihm das letzte Mal begegnet war, netter hätte behandeln können, und wollte mich dafür entschuldigen. Daher streckte ich meine Hand aus, um die Seine zu schütteln. „Dir gebe ich nicht die Hand", sagte er wütend. „Du sollst wissen, dass ich dich mag", antwortete ich. „Und ich muss dich einfach lieben." In gewisser Weise könnte man sagen, dass dies etwas Mut erforderte, und das tat es auch. Doch genau das musste meine Seele damals tun.

Ich konnte nur mein Bestes geben und Gott vertrauen, dass er den Rest übernehmen würde. Ich wusste auch, dass meine Liebe nicht verschwendet war, auch wenn dieser Mensch sie nicht anzunehmen schien. In Wirklichkeit brauchte auch er auf einer gewissen Ebene seines Lebens jene Liebe ebenso, ob er dies nun erkannte oder nicht.

Wenn wir von Kummer gepeinigt werden, weil unsere Liebe scheinbar zurückgewiesen wird, können wir Gott darum bitten, denjenigen zu segnen, den wir lieben, dieser Person zu helfen, mehr zu ihrem eigenen Selbst heranzuwachsen, und bei uns beiden die Wunden der Vergangenheit zu heilen.

4. Karmische Wandlungen

Man kann Gott auch bitten, uns zu verstehen helfen, warum wir gerade verletzend wirken, weil an diesem Punkt die Lektion zum Tragen kommt.

Manchmal haben Menschen die Vorstellung, dass das Auflösen karmischer Schuld bedeutet, dass man auf der via dolorosa, dem Leidensweg, wandelt. Das muss nicht zwangsläufig so sein. Wie fühlen Sie sich, wenn Sie endlich, nach langer Zeit, Ihre Kreditkarte auslösen können? Das Begleichen karmischer Schulden fühlt sich genauso gut an. Es ist pure Freude, wenn man denjenigen umarmen kann, den man vielleicht verletzt hat, und die Harmonie und Liebe wieder hergestellt sind, die unseren Seelen von Natur aus angeboren sind.

Wenn wir in der Tat voll in dem Gesetz des Karmas als dem Gesetz der Liebe aufgegangen sind, werden wir merken, dass wir gute Taten nicht mehr nur darum tun wollen, um unsere eigenen karmischen Schulden zu begleichen oder um gutes Karma zu schaffen – oder weil dies uns als Grundvoraussetzung beigebracht wurde, um in den Himmel kommen zu dürfen. Wir dienen den Leidenden allein deshalb, weil sie uns brauchen. Wir geben von Herzen ohne Hintergedanken, weil wir jeden Teil des Lebens als Teil Gottes lieben. Am Abend lassen die Qualität unseres Herzens und die Menge an Liebe, die wir geschenkt haben, die Welt ganz anders aussehen.

Formen mentaler Matrix

"Der Verstand ist etwas ganz Eigenes, und in sich selbst kann er aus der Hölle den Himmel oder aus dem Himmel die Hölle schaffen."

John Milton

Wir können auch Karma schaffen und es über unseren Verstand wieder auflösen. Wir schaffen gutes Karma, wenn wir unsere Gedanken und unser Wissen einsetzen, um anderen zu helfen, sie aufzubauen und zu lehren. Wir missbrauchen das Potenzial unseres Verstandes, wenn wir Kritik oder Kontrolle üben, anstatt andere zu unterstützen, wenn wir engstirnig oder voll von Vorurteilen sind, anstatt tolerant zu sein, wenn wir

4. Karmische Wandlungen

mit unserem Wissen um die Wette streiten, anstatt es mit unseren Mitmenschen zu teilen.

Unser Verstand kann der Kanal für das Bewusstsein unseres Höheren Selbst sein, oder aber für den Stolz unseres Egos. In beiden Fällen besitzen unsere Gedanken mächtige Kräfte. „Wir sind das, was wir denken", sagte Gautama Buddha, „und wurden zu dem, was wir dachten."

Wir können Karma auf der Ebene des Geistes auflösen, wenn wir uns geistig das höchste Bild vor Augen halten, das „Konzept ohne Makel" von uns selbst und anderen. Das Bild des unbefleckten Konzepts im Geist vor sich zu haben bedeutet, dass wir keine voreiligen Schlüsse ziehen, ohne die Fakten zu kennen. Anstatt uns auf die mentale Matrix einer anderen Person zu fixieren, lassen wir zu, dass sie wieder zu dem transzendiert, was sie vor Jahrzehnten, Wochen oder sogar vor einer Stunde war. Unsere Gedanken sind so mächtig, dass wir, wenn wir uns beständig die höchste Vision des Guten für uns und andere vor Augen halten, buchstäblich das kreieren können, was wir vor unserem geistigen Auge sehen.

Formen mentaler Matrix

Der Gesinnungswandel im Herzen – und im Geist – von Autor Peter Benchley ist ein interessantes Beispiel dafür, wie wir das Karma, das wir in unseren geistigen Sphären schaffen, möglicherweise auflösen könnten. Vor nahezu 25 Jahren wurde Benchleys Roman „Jaws" („Der weiße Hai"), der mehr als 40 Wochen lang auf der Bestseller-Liste der New York Times stand, verfilmt und avancierte zum Kultfilm. Das wilde Bild vom großen weißen Hai hat sich in das Bewusstsein von Millionen Menschen eingebrannt. Nun bietet Benchley eine andere Sichtweise.

In einem kürzlich im Magazin „National Geographic" erschienenen Artikel schrieb er: „In Anbetracht des Wissens, das ich in den letzten 25 Jahren über die großen weißen Haie angesammelt habe, könnte ich den 'weißen Hai' heute wahrscheinlich nicht mehr so schreiben... nicht mit gutem Gewissen jedenfalls." Er führt aus, dass wir einst noch glaubten, dass die großen weißen Haie auf grausamste Weise Menschenjagd betrieben. Heute jedoch wissen wir, dass sie nur dann Menschen töten und fressen, wenn sie sie mit ihrer normalen Beute verwechseln. Wir dachten damals,

4. Karmische Wandlungen

sie griffen Schiffe an. Doch heute wissen wir, dass sie sich einem Schiff lediglich nähern, um es zu inspizieren. Es ist richtig, dass diese Haie Menschen aufschlitzen und töten können, wenn sie provoziert werden, doch wir wissen jetzt auch, dass sie auch empfindsam und verletzlich sind.

Benchley sagt, dass diese ehrfurchtgebietenden Tiere „nicht nur keine Schurken sind, sie sind einem ernsthaften, vielleicht sogar katastrophalen Bestandsrückgang ausgesetzt – wenn sie nicht schon wirklich fast am Aussterben sind". Vielleicht löst Benchley ein wenig Karma gegenüber den großen weißen Haien auf, indem er sie heute in einem anderen Licht darstellt. Was können wir daraus lernen? Wir alle beeinflussen ständig das Denken unserer Mitmenschen. Wenn wir sie negativ beeinflusst haben, können wir dieses Karma auflösen, indem wir falsche, irreführende oder halbe Informationen korrigieren, die wir weitergegeben haben – sei es an eine Person oder an Tausende von Menschen.

Spirituelle Alchemie

„Wo Feuer brennt, leuchtet der Beweis für fortschreitende Perfektion."

Helena Roerich

Die Meister der traditionellen orientalischen Kunst des Feng Shui lehren, dass Störfelder in unserem physischen Umfeld den Energiefluss – oder das „Chi" – in unserer Umgebung behindern. Sie sagen, dass der Energiefluss (oder das Fehlen dessen) unsere Gesundheit, unsere Finanzen und unsere Beziehungen – eben den gesamten Verlauf unseres Lebens – stark beeinflusst.

In genau der gleichen Weise können „karmische Störfelder" auf tief liegenden Energieebenen in uns Stauungen im Energiefluss verursachen. Diese Stauungen angesammelten, unerlösten Karmas beeinträchtigen unser physisches und emotionales Wohlbefinden, unser spirituelles Wachstum, ja sogar die Art und Weise der Ereignisse und Menschen, die in unser Leben treten und aus unserem Leben gehen. Wenn die Energie frei fließt, fühlen

4. Karmische Wandlungen

wir uns friedlich, gesund und glücklich. Wenn sie blockiert ist, fühlen wir uns nicht so leicht, schwingend und spirituell, wie wir sein könnten.

Gerade so, wie wir den Staub und Schmutz abwaschen, den wir jeden Tag aufnehmen, können wir auch ein tägliches Reinigungsritual ausführen, um uns von karmischem Schutt zu befreien. Jede spirituelle Tradition besitzt ihre eigenen Reinigungsmethoden. Viele dieser Praktiken sind heilige Gebetsformen und Meditationen, die das Licht des Heiligen Geistes anrufen, um unser Herz zu reinigen.

In einigen Traditionen wird diese kraftvolle Transformationsenergie des Heiligen Geistes schon immer als violettes Licht gesehen, bekannt unter der Bezeichnung „violette Flamme". Wie ein Sonnenstrahl, der durch ein Prisma geht und dadurch in die sieben Farben des Regenbogens gebrochen wird, so manifestiert sich auch das spirituelle Licht in sieben Strahlen oder Flammen. Wenn wir diese spirituellen Flammen in unseren Gebeten und Meditationen anrufen, erzeugt jede dieser Flammen eine bestimmte Wirkung in unserem Körper, in unserem Geist und in unserer

Spirituelle Alchemie

Seele. Die violette Flamme hat die Farbe und Frequenz des spirituellen Lichts, das Gnade, Vergebung und Transmutation anregt.

„Transmutation" bedeutet die Umwandlung in eine höhere Form. Diese Bezeichnung wurde bereits vor Jahrhunderten von Alchemisten benutzt, die auf physischer Ebene versuchten, unedle Metalle in Gold zu verwandeln – und auf spiritueller Ebene die Selbsttransformation und letztendlich das ewige Leben zu erreichen. In spiritueller Hinsicht kann genau dies die violette Flamme tun. Es handelt sich hierbei um hochfrequente spirituelle Energie, die die „unreinen" Elemente unseres Karmas vom Gold unseres wahren Selbst trennt und dieses „transmutiert" (umwandelt), sodass wir unser höchstes Potenzial erreichen können.

Heiler, Alchemisten und Adepten haben diese hochfrequente Energie der violetten Flamme schon immer benutzt, um energetische Balance und spirituelle Wandlung herbeizuführen. Edgar Cayce beispielsweise erkannte die heilende Kraft der violetten Flamme. In über 900 seiner Sitzungen empfahl er ein elektrisches Gerät – „eine Violettstrahlenmaschine", die violette elektrische Ladung

4. Karmische Wandlungen

aussendet –, um verschiedene Beschwerden zu behandeln, wie etwa Erschöpfung, Lethargie, schlechte Durchblutung, Verdauungsprobleme und Nervenleiden.

Der Autor und Überlebende von drei Nahtoderfahrungen, Dannion Brinkley, hat die violette Flamme während seiner Nahtoderfahrungen gesehen und erlebt. „Die violette Flamme ist der reinste Ort der Liebe. Sie gibt so richtig Kraft", sagt er. „Die violette Flamme ist ein Licht, das allen spirituellen Erben dient, das allen Dingen Respekt und Würde verleiht. Sie schenkt uns eine Möglichkeit, uns miteinander zu verbinden... Die Besonderheit der violetten Flamme liegt darin, dass sie keine Hitze erzeugt. Sie erzeugt Liebe."

Wodurch wird die violette Flamme zu einem solch mächtigen Werkzeug? In unserer physischen Welt besitzt das violette Licht die höchste Frequenz im sichtbaren Spektrum. Wie Fritjof Capra in seinem Werk „The Tao of Physics" („Das Tao der Physik") erklärt, wird das violette Licht durch eine hohe Frequenz und eine kurze Wellenlänge charakterisiert. Es besteht daher aus Photonen mit hoher Energie und einer hohen Schwingung.[5] Auf

Spirituelle Alchemie

spirituellen Ebenen kann diese hochfrequente Energie der violetten Flamme die Ablagerungen in und zwischen den Atomen unseres Körpers verzehren – so, wie wenn man diese in einer chemischen Lösung einweichen würde, die den Schmutz, der sich dort über Jahre angesammelt hat, auflöst.

Von dieser Schlacke befreit, beginnen die Elektronen, sich freier zu bewegen und erhöhen so unsere spirituelle Schwingung und unseren Energiepegel. Dies findet in nichtkörperlichen oder „metaphysischen" Dimensionen der Materie statt. Wenn die Energie dann wieder polarisiert und verwandelt wird, wird sie Teil unseres Speichers für positive Energie.

Es gibt niemanden unter uns, der nicht einen bestimmten Moment seines Lebens, irgendeine Handlung oder ein unfreundliches Wort bereuen würde. Wir wünschten, wir könnten es ungeschehen machen. Bei der Arbeit mit der violetten Flamme können wir die Flamme des Heiligen Geistes losschicken, um denjenigen, dem wir Unrecht getan haben, sowie auch uns selbst von dieser Last zu befreien. Während die violette Flamme durch die emotionalen, geistigen und körperlichen Schichten unseres Seins strömt, verwandelt sie Ursache, Wirkung, Aufzeichnung und Erinnerung aller Dinge, die nicht perfekt sind, und bringt diese Energie wieder zurück in den natürlichen Ausgangszustand der Harmonie mit dem Schöpfergeist.

Auf den Punkt gebracht bietet uns die violette Flamme die Möglichkeit eines Lebensweges mit möglichst wenig Leid. Wenn wir dieses Licht in unseren Gebeten anrufen, kann es den Prozess der Auflösung von Karma und Traumata abzumildern helfen. Es kann uns sogar dazu verhelfen, einige unserer karmischen Schulden aufzulösen, ohne denjenigen, die daran beteiligt sind, direkt begegnen zu müssen. Die violette Flamme ist, ebenso wie die Flammen, die den Phönix verschlingen, ein heiliges Feuer, das uns ermöglicht, neugeboren wieder aufzuerstehen, erfrischt und ein Stück weit vollkommener.

Ein heiliges Feuer

„Unser Gott ist ein verzehrendes Feuer."

Das Buch der Hebräer

Phönix ist weit mehr als ein Symbol für die Wiedergeburt. Er repräsentiert auch Selbstüberwindung und Selbstverwandlung. Das Feuer, das den Phönix zugleich verschlingt und verjüngt, ist das gleiche Feuer, das uns sozusagen für einen besseren Aufstieg reinigt.

Der deutsche Philosoph Hegel erfasste das wahre Wesen des Phönix, indem er schrieb: „Der Geist schlüpft nicht nur in eine neue Hülle, wenn er die Hülle seiner Existenz verzehrt hat, noch erhebt er sich aus der Asche seiner vorherigen Körperform einfach neugeboren. Er steigt vielmehr erhöht, besser, mit reinerem Geist empor... Er erhebt sich selbst auf einen neuen Rang."[6]

Der Phönix sind wir, tagtäglich, wenn wir der Feuerprobe unseres wiederkehrenden Karmas mit dem Feuer unseres Herzens und dem heiligen Feuer der violetten Flamme begegnen. Wir sind es, die

4. Karmische Wandlungen

den Prozess des Wachstums und der Perfektion durchlaufen und dabei beständig unser altes Selbst überwinden. Der Apostel Paulus beschrieb es auf andere Weise, indem er sagte: „Ich sterbe täglich." Wenn wir uns unserem spirituellen Wachstum hingeben, kann ein Teil unseres niederen Selbst „täglich sterben" und damit den Weg bereiten, damit mehr von unserem Höheren Selbst ans Licht treten und sich ausdrücken kann.

Wir können mit der sanften Kraft der violetten Flamme über Gebete, Meditationen und Affirmationen in Kontakt treten. Wer die violette Flamme in seinen Gebeten und Meditationen herbeigerufen hat, kann bestätigen, dass sie hilft, durch die manchmal schmerzhaften Erinnerungen der Vergangenheit zu gehen. Eine Frau schrieb mir einmal Folgendes: „Jahrelang hatte ich Psychologen zu Rate gezogen. Sie hatten mir geholfen, Ursachen zu finden, doch wie sollte ich diese ändern können?" Sie begann, täglich mit Gebeten zur violetten Flamme zu arbeiten und sagte, dass die violette Flamme Missstimmungen in ihrem Kern durchdrang und auflöste. „Durch die violette Flamme", sagte sie, „entstieg ich der Asche gesund, stark und dankbar."

Wenn uns ein bestimmtes Thema bewusst wird, wie etwa Angst, die keine Wurzeln in diesem Leben zu haben scheint, können wir Gott oder unser Höheres Selbst darum bitten, die violette Flamme auf die Wurzeln dieser Angst in unseren früheren Verkörperungen zu richten und jene Energie wieder in ihren reinen Zustand zurückzuwandeln. Wir können die alchemistische Kraft der violetten Flamme nutzen, um das Unterbewusstsein zu reinigen, das oft die Einschüchterungen und Kritik durch unsere Mitmenschen und Autoritätspersonen akzeptiert. Die violette Flamme kann uns helfen, diese Muster des Bewusstseins aufzulösen und uns zu befreien, damit wir mehr zu unserem wahren Selbst werden können.

Ich habe Tausende von Menschen erlebt, die erfolgreich mit der violetten Flamme arbeiteten. Es erfordert unterschiedlich viel Zeit – irgendwo zwischen einem Tag und mehreren Wochen –, damit derjenige erste Ergebnisse sieht, je nach Intensität der Thematik, des Ereignisses oder Musters, mit dem wir es zu tun haben. Doch wenn wir beharrlich bleiben, werden wir den Unterschied bald spüren.

4. Karmische Wandlungen

Wenn wir die violette Flamme regelmäßig einsetzen, kann es vorkommen, dass Erinnerungen an dieses oder an frühere Leben hochkommen. Der Grund liegt darin, dass der Heilige Geist in unser Unterbewusstsein eindringt, um dort Ursache, Wirkung und Erinnerung an dieses Erlebnis zu verzehren. Wenn dies erfolgt, ist es am besten, sich nicht emotional hineinziehen zu lassen oder zu blockieren – übergeben Sie die Angelegenheit einfach dem Licht.

Wenn Gott eine Szene aus unserer Kindheit oder aus einem früheren Leben in Erinnerung ruft, ist dies eine Erinnerung daran, dass noch etwas zu tun ist. Er enthüllt uns diese Szene nicht zur bloßen Unterhaltung, sondern damit wir das Licht hindurchschicken und die Situation überwinden können.

Eine Frau, die schon eine ganze Zeit lang mit Affirmationen der violetten Flamme gearbeitet hatte, teilte mir in einem Brief mit, dass sie Hilfe erfahren hatte, indem ihr ein früheres Leben als Schlüsselerlebnis bewusst wurde. Sie sagte: „Als ich eines Morgens aufwachte, hatte ich das bestimmte Gefühl, dass irgendetwas anders war. Ich wusste nicht, was es war, doch alles fühlte sich einfach anders an.

Ein heiliges Feuer

Als ich ins Badezimmer ging und in den Spiegel blickte, kam es mir so vor, als ob ich auch noch anders aussah. Nicht unbedingt in Bezug auf meinen Körper, doch vielleicht im Hinblick auf meine Aura. Etwas hatte sich definitiv verändert.

Ich dachte bei mir: ‚Was ist denn so anders? Warum fühle ich mich so?' Dann kam mir ein Gedanke, wie ein noch zartes Stimmchen: ‚Ja, ich bin anders. Ich bin anders, weil ich begonnen habe, das Karma aus einem anderen Leben zu verwandeln.'

Später an diesem Vormittag saß ich gerade an meinem Schreibtisch, als plötzlich eine Szene aus einem früheren Leben vor meinen Augen aufblitzte. Es war ein Bild von mir – etwas verändert, doch definitiv ich. Mir waren meine Gefühle bewusst, mein Bewusstseinszustand und mein Leben damals. Es handelte sich um ein Leben auf Atlantis, und ich war, genau wie in diesem Leben jetzt auch, eine Frau. Ich hatte eine hohe Position in der Regierung als Ministerin oder Beamtin irgendeines Bereiches mit großer Macht. Ich erkannte, dass es mir gefiel, Macht über Menschen zu haben, und diese Macht zu meinem eigenen Vorteil zu benutzen. Ich besaß ein enormes Ego.

4. Karmische Wandlungen

Ich hatte einem Teil meines Selbst ins Gesicht geblickt. Es war etwas, dessen ich mir vorher nicht bewusst gewesen war. Ich bin dankbar, dass es mir gezeigt wurde. Ich bin auch dankbar für die Gelegenheit, dies mit dem Feuer Gottes und der violetten Flamme durchzuarbeiten. Ich musste mich dazu nicht einmal hypnotisieren und rückführen lassen. Gott zeigte es mir selbst zu seiner Zeit, als ich bereit und fähig war, es so zu betrachten, wie es war, und ich in der Lage war, Gebete zu sprechen, um es zu ändern."

Nachdem sich diese Frau ihres vergangenen Lebens bewusst geworden war, begann sie, Gebete zur violetten Flamme zu sprechen und Meditationen durchzuführen, um das Karma aufzulösen, das sie in jener Verkörperung auf sich geladen hatte, und auch, um jedes übriggebliebene Fünkchen an Egoismus in ihr aufzulösen, das sie in diesem Leben zurückhalten würde.

Wir befinden uns gerade an der Schwelle zu einem neuen Zeitalter, das uns kreative Möglichkeiten bietet, um unser persönliches Karma und das unseres Planeten aufzulösen. Die violette Flamme ist eine Möglichkeit. Die violette Flamme bietet uns die größtmögliche Chance, vom Rad des Lebens und den Zyklen des Karmas zu profitieren. Während wir unsere spirituelle Arbeit tun und uns in praktischen Hilfsdiensten engagieren, die erforderlich sind, um unser Karma aufzulösen, erkennen wir, dass jeder Tag für sich eine gewaltige Chance darstellt, unsere Vergangenheit zu transzendieren und unser Morgen zu transformieren.

Gebete und Affirmationen

„Durch Gebete werden mehr Dinge bewirkt, als diese Welt es sich erträumen kann. Lass' daher deine Stimme emporschnellen wie eine Fontäne."

Alfred Lord Tennyson

Wir möchten Sie dazu einladen, mit einem beliebigen oder auch mit allen Gebeten und Affirmationen auf den folgenden Seiten zu experimentieren, um Ihre eigene spirituelle

4. Karmische Wandlungen

Entwicklung und Ihren Pfad der Umwandlung des Karmas zu beschleunigen. Sie können jeden Tag laut gesprochen werden, besonders, wenn man eine Last oder sonstige Schwere empfindet.

Ich ermutige immer diejenigen, die die violette Flamme neu kennen lernen, mit ihrem Experiment im Labor des Seins zu beginnen, indem sie über mindestens einen Monat hinweg 15 Minuten täglich Gebete und Affirmationen zur violetten Flamme sprechen. Sie können diese Affirmationen in Ihr Morgengebetsritual einbauen, oder sprechen, während Sie unter der Dusche stehen oder sich für den Tag zurechtmachen, oder sogar auf dem Weg zur Arbeit, beim Einkaufen oder bei der Gymnastik. Da unser Karma des Tages jeden Morgen auftaucht, um aufgelöst zu werden, sprechen viele Leute ihre Gebete und Affirmationen zur violetten Flamme, bevor sie den Tag anpacken.

Die folgenden Affirmationen benutzen den Namen Gottes „ICH BIN", um spirituelle Kraft zu erlangen. „ICH BIN" ist die Abkürzung für „ICH BIN DER ICH BIN", der Name Gottes, der Moses enthüllt wurde, als er den brennenden Dornenbusch sah. „ICH BIN DER ICH BIN" bedeutet: „Wie oben, so auch unten." So, wie Gott im Himmel ist, ist er auch hier in mir auf Erden. Genau dort, wo ich stehe, befindet sich die Macht Gottes. Jedes Mal, wenn wir also „ICH BIN..." sagen, bestätigen wir per Affirmation in der Tat: „Gott ist in mir".

Während Sie mit diesen Techniken experimentieren, sollten Sie stets zwei Grundprinzipien berücksichtigen. Erstens sollten diese Affirmationen laut gesprochen werden. Alte spirituelle Traditionen, aber auch moderne wissenschaftliche Studien haben ergeben, wie kraftvoll Klänge sind, um eine Veränderung, ja sogar Heilung zu bewirken. Zweitens können wir die Kraft unserer Gebete verstärken, wenn wir das Ereignis, das wir uns wünschen, genau benennen und visualisieren. Denn worauf auch immer wir unsere Aufmerksamkeit lenken, an das docken wir an und laden es mit Energie auf. Das Bild, das wir vor unserem geistigen Auge erscheinen lassen, ist wie eine Blaupause, und unsere Aufmerksamkeit ist der Magnet, der die kreativen Energien des Geistes anzieht, um diese Blaupause zu füllen.[7]

4. Karmische Wandlungen

Vorschläge für Visualisierungen

Während Sie diese Affirmationen mit der violetten Flamme laut sprechen, können Sie das genaue Ergebnis dessen visualisieren, wofür Sie beten, ganz so, als ob es bereits jetzt in der Gegenwart stattfinden würde. Visualisieren Sie es so, als würde es sich direkt vor Ihnen auf einer Filmleinwand abspielen. Steigt Ihnen so gar nichts Rechtes in den Geist, dann können Sie sich auf die Worte Ihres Gebetes konzentrieren und die Wirkung, die sie beschreiben, vor Ihrem geistigen Auge sehen.

Außerdem können Sie visualisieren, wie die violette Flamme in und durch Menschen, Ereignisse und Themen, auf die Ihre Gebete gerichtet sind, dringt und diese umgibt. Visualisieren Sie tanzende violette Flammen, die das negative Karma und Gewohnheitsmuster verzehren, die Sie oder diejenigen, für die Sie beten, hemmen. Visualisieren Sie violettfarbene Flammen in Ihrem Herzen und in den Herzen der Beteiligten. Diese Flammen weichen zunächst jede Härte des Herzens auf und schmelzen diese dann weg – und verwandeln somit Zorn in Mitgefühl, Bitterkeit in Süße, Angst in Frieden.

Das Mantra der violetten Flamme

Eine leichte Affirmation für den Einstieg lautet: „ICH BIN ein Wesen des violetten Feuers, ICH BIN die Reinheit, die Gott wünscht!"

Es sollte immer wieder wie ein Mantra wiederholt werden, das in unserem Herzen gesungen wird. Je stärker Sie es betonen, desto stärker ist die Wandlungswirkung, die Sie aufbauen. Sie können jede der Affirmationen auf den folgenden Seiten einmal, dreimal oder sooft Sie möchten rezitieren, bis Sie spüren, dass Ihr Herz auf die heilende Kraft der Liebe reagiert, die durch die violette Flamme entsteht.

ICH BIN ein Wesen des violetten Feuers
ICH BIN die Reinheit, die Gott wünscht.*

---

*Sie können auch Ihre ganz persönlichen Abwandlungen dieses Mantras gestalten, wann immer Sie den Bedarf einer stärkeren Auflösung in jeglicher Situation erkennen, wie mit den beiden Beispielen, die unter diesem Mantra stehen, gezeigt werden soll.

4. Karmische Wandlungen

*Mein Herz ist lebendig mit violettem Feuer,
mein Herz ist die Reinheit, wie Gott sie wünscht!*

*Meine Familie ist umhüllt von violettem Feuer,
meine Familie ist die Reinheit, die Gott wünscht!*

Energie für Herz, Kopf und Hand

Sie können die nachfolgenden Affirmationen benutzen, um das Karma, das Sie mit Ihrem Herzen, Ihrem Kopf und Ihren Händen geschaffen haben, zu verwandeln. Diese Reihe endet mit einem Gebet um das schützende weiße Licht, das Sie um sich herum visualisieren können, wie auf S. 178 abgebildet.

*Herz
Violettes Feuer, oh du göttliche Liebe,
lodere in meinem Herzen!
Du bist Gnade für immer wahr,
halte mich stets in Einklang mit dir.*

*Kopf
ICH BIN Licht, du Christus in mir,
befreie meinen Geist für immer.*

*Violettes Feuer, leuchte stets
tief in diesem meinem Geist.*

*Gott, der du mir schenkst mein täglich Brot,
erfülle meinen Kopf mit violettem Feuer,
bis deine himmlische Ausstrahlung
aus meinem Geist einen Lichtgeist macht.*

*Hand
ICH BIN die Hand Gottes in Aktion,
die jeden Tag den Sieg davonträgt.
Die höchste Freude meiner reinen Seele
ist es, den goldenen Mittelweg zu gehen.*

Säule des Lichts

*Oh, geliebte göttliche Ich Bin Gegenwart,
Umhülle mich mit deiner Säule aus Licht,
Das stammt von aufgestiegener Meister Flammen,
Die ich anflehe in Gottes Namen.
Möge es meinen Tempel befreien
Von allem, das versucht uns zu entzweien.*

*Ich rufe hervor die violette Flamme,
alle Sehnsüchte zu erhellen und verwandeln.*

4. Karmische Wandlungen

*Sie möge brennen in Freiheits Namen,
Bis ICH BIN eins mit der violetten Flamme.*

Affirmation der Vergebung

Bevor wir die folgenden Affirmationen anführen, können Sie dieses oder Ihr ganz persönliches Gebet laut vorschalten:

Im Namen des ICH BIN DER ICH BIN und im Namen meines Höheren Selbst, meines inneren Christus und meines inneren Buddhas rufe ich das Gesetz der Vergebung für all das an, was ich jemals in einem meiner Leben getan habe, das irgendeinen Teil des Lebens verletzt hat – alles, was nicht freundlich, liebevoll, respektvoll oder ehrbar war, insbesondere: _____.

Ich rufe die violette, verwandelnde Flamme zugunsten all derer, welchen ich irgendwann einmal Unrecht angetan habe, sowie für all die, die mir jemals Unrecht angetan haben. Ich bitte um einen Strom aus Licht und Liebe von meinem Höheren Selbst und meinem Herzen, um alles Leben zu segnen, mit dem ich karmisch verbunden bin. Oh Gott, befreie sie, befreie mich, und schenke uns die Freiheit, vereint in Herz und Seele.

Lass die violette Flamme meinen inneren Schmerz heilen sowie auch Ursache, Wirkung, Aufzeichnung und Erinnerung aller Lasten, die ich jemals dem Leben angetan habe bzw. die mir jemals angetan wurden, bis zu meiner ersten Inkarnation zurück. Ich übergebe sie dem Licht.

Lass dieses heilige Feuer mein Herz, meinen Geist, meinen Körper und meine Seele reinigen und verjüngen. Lass sie wieder zu der Harmonie und Perfektion meiner göttlichen Blaupause zurückverwandelt werden, sodass ich mit Freude das wahre Potenzial meiner Seele umsetzen kann. Ich lasse dies gern in voller Kraft gemäß Gottes Willen geschehen.

Affirmation der Vergebung

*ICH BIN die hier wirkende Vergebung,
Die alle Zweifel und Furcht überwindet
Und die Menschen immerwährend
Durch ihre Flügel des kosmischen Sieges befreit.*

4. Karmische Wandlungen

ICH BIN der Ruf in voller Kraft,
Der stündlich nach Vergebung strebt.
Ich verströme meine verzeihende Gnade
An alle Lebewesen an jedem Ort.

ICH BIN die violette Flamme
ICH BIN die violette Flamme,
Die jetzt in mir brennt.
ICH BIN die violette Flamme
Und beuge mich nur dem Licht.
ICH BIN die violette Flamme
In all ihrer kosmischen Kraft.
ICH BIN das Licht Gottes,
Das ständig scheint.
ICH BIN die violette Flamme,
Die glüht wie eine Sonne.
ICH BIN Gottes heilige Kraft,
Die jeden befreit.

Gebet für den Weltfrieden

Mit unseren aufrichtigen Gebeten und Meditationen, die von Herzen kommen, können wir die violette Flamme auch auf Situationen in unserer Gemeinschaft oder auf der Weltbühne lenken – wie etwa Umweltverschmutzung, politische Unruhen oder Krieg –, um ihre karmischen Ursachen zu verwandeln, sie aufzulösen und Frieden zu bringen. Sie können jede der oben abgedruckten Affirmationen ebenso wie das nachfolgende Gebet sprechen, um die höchstmögliche Auflösung in jeder Situation zu erreichen, die Sie benennen:

Oh violette Flamme, oh violette Flamme,
oh violette Flamme!
Im Namen Gottes, im Namen Gottes,
im Namen Gottes!
Oh violette Flamme, oh violette Flamme,
oh violette Flamme!
Durchflute die Welt, durchflute die Welt,
durchflute die Welt!
Im Namen des ICH BIN,

4. Karmische Wandlungen

im Namen des ICH BIN,
im Namen des ICH BIN!

Friede, Friede, Friede,
sei über die ganze Erde verteilt!
Möge der Osten Frieden zeigen,
möge der Westen Frieden zeigen,
Möge Frieden von Osten kommen
und gen Westen ziehen,
aus dem Norden kommen
und gen Süden ziehen,
und um die ganze Welt zirkulieren!
Mögen die Hüllen, die die Erde umgeben,
an Ort und Stelle sein, um den Herrn zu preisen
an diesem Tag, zu dieser Stunde
und in dieser Nacht.
Möge die Welt stets in die Aura
von Gottes Frieden gehüllt bleiben!

ANMERKUNGEN

Kapitel 1: KARMISCHE GESETZE

1) Siehe Johannes 9, 1-3 (Luther-Ausgabe)

2) Matthäus 17, 11-13 (Luther-Übersetzung)

3) Eine eingehende Abhandlung über die Rolle, die die Inkarnation bei den Uranfängen des Christentums und in der ersten Christengemeinschaft spielte, siehe: „Reincarnation: The Missing Link in Christianity" („Reinkarnation – das fehlende Glied im Christentum") von Elizabeth Clare Prophet mit Erin L. Prophet, Corwin Springs, Mont., Summit University Press, 1997

4) Siehe Elizabeth Clare Prophet: „The Lost Years of Jesus: Documentary Evidence of Jesus' 17-Year Journey to the East" („Die verlorenen Jahre Jesu – dokumentierte Beweise der 17-jährigen Reise Jesu in den Osten"), Corwin Springs, Mont., Summit University Press, 1987

5) Marvin W. Meyer: „The Secret Teachings of Jesus: Four Gnostic Gospels", New York, Vintage Books, 1986, S. 50

6) G.R.S. Mead, Übersetzer: „Pistis Sophia: A Gnostic Gospel", Blauvelt, New York: Spiritual Science Library, 1984, S. 220, 315, 320, 220

7) G.W. Butterworth, Übersetzer: „Origen: On First Principles" (Gloucester, Mass.: Peter Smith, 1973), S. 137, 136

8) Origen, zitiert in Jean Daniélou: „Gospel Message and Hellenistic Culture", übersetzt von John Austin Baker, Philadelphia, Westminster Press, 1973, S. 418

9) Ebd., S. 418-19

10) Butterworth, Origen: „On First Principles", S. 67

11) W. Lutoslawski: „Pre-Existence and Reincarnation", London, George Allen and Unwin, 1928, S. 29

Anmerkungen

12) Albert Schweitzer, zitiert in Joseph Head und S.L. Cranston, Autoren und Herausgeber: „Reincarnation in World Thought", New York, Julian Press, 1967, S. 130

13) Arthur Schopenhauer, zitiert in Joseph Head und S.L. Cranston, Schriftsetzer und Herausgeber, „Reincarnation: The Phoenix Fire Mystery", New York, Julian Press, 1977, S. 296

14) Gina Cerminara, „The Word Within", New York, William Sloane Associates, 1957, S. 3-4

15) Head und Cranston, „Reincarnation: The Phoenix Fire Mystery", S. 270/71

16) Eine hervorragende Anthologie von Schriftstücken über Reinkarnation aus aller Welt findet man bei Head und Cranston, „Reincarnation: The Phoenix Fire Mystery"

17) Dr. Alexander Cannon, zitiert in Joe Fisher, „The Case for Reincarnation", New York, Carol Publishing Group, Citadel Press, 1992, S. 47

18) Brian Weiss, „Messages from the Masters: Tapping into the Power of Love", New York, Warner Books, 2000, S. 2

19) Robert L. Snow, „Looking for Carroll Beckwith: The True Story of a Detective's Search for His Past Life", Emmaus, Pennsylvania; Rodale Books, Daybreak Books, 1999, S. 7

20) Ebd., S. 1, 186

21) Helen Wambach, „Reliving Past Lives, The Evidence under Hypnosis", New York, Bantam Books, 1978, S. 6

22) Gina Cerminara, „Many Mansions", New York, William Sloane Associates, 1950, S. 53, 52-53, 55, 66-67, 65-66, 67

23) Noel Langley, „Edgar Cayce on Reincarnation", New York, Warner Books, 1967, S. 49, 50-51

24) Fred Ayer, Jr., „The Ancestral Shades of Gen. George S. Patton", Fate, März 1967, S. 37/38

25) Kyle Crichton, „Subway to the Met: Rise Stevens' Story", Garden City, New York: Doubleday & Company, 1959, S. 237-38

Kapitel 2: KARMISCHE FÄDEN

1) Mehr Informationen über Gruppenkarma und wie es manchmal durch die Natur gesühnt wird, siehe „Saint Germain's Prophecy for the New Millenium", von Elizabeth Clare Prophet mit Patricia R. Spadaro und Murray L. Steinman, Corwin Springs, Mont.: Summit University Press, 1999, S. 121-47, 297

2) Dannion Brinkley mit Paul Perry, „Saved by the Light: The True Story of a Man Who Died Twice and the Profound Revelations He Received", New York, Villard Books, 1994, S. 26, 52

3) Joel L. Whitton und Joe Fisher, „Life between Life: Scientific Explorations into the Void Separating One Incarnation from the Next", New York, Warner Books, 1986, S. 48

4) Ebd., S. 39

5) Ebd., S. 44

6) Ebd., S. 44-45

7) Christopher M. Bache, „Lifecycles: Reincarnation and the Web of Life", New York, Paragon House, 1991, S. 181, 182

8) Langley, „Edgar Cayce on Reincarnation", S. 59-60

9) Ebd., S. 55-59

10) Helen Wambach, „Life before Life", New York, Bantam Books, 1979, S. 164

Kapitel 3: KARMISCHE FALLSTRICKE

1) Wambach, „Reliving Past Lives", S. 7

Anmerkungen

2) Bache, „Lifecycles", S. 130

3) Whitton und Fisher, „Life between Life", S. 53

4) Ebd., S. 47-48

5) Siehe Elizabeth Clare Prophet und Patricia R. Spadaro, „Alchemie des Herzens", Silberschnur, Güllesheim 2003, S. 167-91

6) Brian L. Weiss, „Many Lives, Many Masters", New York, Simon & Schuster, Fireside Book, 1988, S. 54, 57

Kapitel 4: KARMISCHE Wandlungen

1) Weiss, „Many Lives, Many Masters", S. 42

2) Paramahansa Yogananda, „Autobiography of a Yogi", Los Angeles, Self-Realization Fellowship, 1946, Paperback-Ausgabe, S. 349

3) Siehe Elizabeth Clare Prophet, „The Great White Brotherhood in the Culture, History and Religion of America", Corwin Springs, Mont., Summit University Press, 1984, S. 173-206

4) Yogananda, „Autobiography of a Yogi", S. 187, 188-89

5) Fritjof Capra, „The Tao of Physics", 2. Auflage, New York, Bantam Books, 1984, S. 141

6) Hegel, zitiert in: Head und Cranston, „Reincarnation: The Phoenix Fire Mystery", S. 19

7) Wenn Sie mehr darüber erfahren möchten, wie Sie die Techniken der Affirmation und der Visualisierung als Zugang zur violetten Flamme in die Praxis umsetzen können, siehe Elizabeth Clare Prophet's Hörkassette: „Spiritual Techniques to Heal Body, Mind and Soul", veröffentlicht von der Summit University Press.

Danksagung

Unser herzlicher Dank gilt dem phantastischen Team, das zur Vollendung dieses Buches tatkräftig beigetragen hat, darunter Karen Gordon, Louise Hill, Lynn Wilbert, Virginia Wood, Judith Younger, Roger Gefvert u. a..

Weitere Informationen

Bücher von Summit University Press sind weltweit in gutsortierten Buchläden sowie über Ihren persönlichen online-Buchversand erhältlich. Sollten Sie Interesse an einem Gratiskatalog mit unseren Büchern und Produkten haben, wenden Sie sich bitte an:

Summit University Press
63 Summit Way, Gardiner, Montana 59030
Tel.: 406-848-9500
Fax: 406-848-9555
E-mail: info@summituniversitypress.com
Website: www.summituniversitypress.com

ELIZABETH CLARE PROPHET

ist eine weltberühmte Autorin. Zu ihren Bestsellern zählen „Soul Mates and Twin Flames" („Seelenpartner und Zwillingsstrahlen"), ihre Taschenbuchführerreihe zur praktischen Spiritualität, „The Lost Years of Jesus: Documentary Evidence of Jesus' 17-Year Journey to the East" („Die verlorenen Jahre Jesu – dokumentierte Beweise für den 17-jährigen Aufenthalt Jesu im Fernen Osten"), „Reincarnation: The Missing Link in Christianity" („Reinkarnation – das fehlende Glied im Christentum") und „Fallen Angels and the Origins of Evil" („Gefallene Engel und die Wurzeln des Bösen"). Elizabeth Clare Prophet ist Pionierin auf dem Gebiet der Erforschung von Techniken zur praktischen Spiritualität, wie etwa der kreativen Kraft des Klanges für das persönliche Wachstum und die Verwandlung der Welt.

PATRICIA R. SPADARO

ist Mitautorin von „Alchemy of the Heart" („Alchemie unseres Herzens", Silberschnur 2003), „Your Seven Energy Centers" („Unsere sieben Energiezentren"), „The Art of Practical Spirituality" („Die Kunst der praktischen Spiritualität"), „Kaballah: Key to Your Inner Power" („Kabbala – der Schlüssel zur inneren Kraft") und „Saint Germain's Prophecy for the New Millenium: What to expect through 2025" („Saint Germains Prophezeihungen für das Neue Jahrtausend – Was uns bis 2025 erwartet"). Ihr besonderes Interesse gilt der praktischen Spiritualität und den mystischen Pfaden der spirituellen Traditionen unserer Welt.

Elizabeth Claire Prophet

Seelenpartner & Zwillingsseelen

Die spirituelle Dimension der Liebe und unserer Beziehungen

176 Seiten, broschiert
ISBN 978-3-89845-126-0
€ [D] 6,95

„Seelenpartner und Zwillingsseelen" enthüllt mit Wärme und Weisheit die spirituelle Dimension von Beziehungen und zeigt neue Wege auf, um zu Ganzheit und wahrer Liebe zu finden. Sie lernen viel Wissenswertes über Seelenpartner, Duale und karmische Partner, und man beginnt zu verstehen, weshalb man gerade bestimmte Liebschaften in sein Leben zieht – sogar, warum selbst die schwierigste Beziehung geradezu ein Sprungbrett zur perfekten Liebe sein kann.

Elizabeth C. Prophet / P. R. Spadaro

CHAKREN –
Deine 7 Energiezentren

272 Seiten, broschiert
ISBN 978-3-89845-107-9
€ [D] 6,95

Dieses Buch vermittelt – basierend auf der Lehre vom feinstofflichen Energiesystem unseres Körpers – kraftvolle Einsichten und Werkzeuge, um wieder heil und ganz zu werden. Quelle dieses Wissens sind verschiedenste spirituelle Traditionen, die uns anleiten, wie wir unsere Seele über die sieben Schritte des persönlichen Wachstums voranbringen können. Dieses Werk beinhaltet darüber hinaus ganzheitliche Techniken zur Wiederherstellung der energetischen Balance unseres Körpers – angefangen bei Homöopathie über Vitamine und Heilbäder bis hin zur Arbeit mit Meditationen, Affirmationen und Visualisierungen.

Elizabeth Clare Prophet

Erzengel Michael

E. C. Prophet schlüsselt – basierend auf Bibeltexten wie auch auf Tatsachenberichten – die Bedeutung des Erzengels auf, die er sowohl für jeden einzelnen hat als auch für die gesamte Menschheit. Er erinnert uns gerade in der heutigen Zeit, in der es recht dunkel ist auf der Erde, daran, die Verbindung zu unseren himmlischen Helfern nicht zu kappen. Denn: „Es gibt eine Welt des Lichts, die die Welt der Dunkelheit überlagert, und alles, was ihr tun müsst, ist, euch nach dem Licht auszustrecken …"

144 Seiten, broschiert
ISBN 978-3-89845-147-5
€ [D] 6,95

Elizabeth Clare Prophet

Mit Engeln arbeiten

Dieses Buch bringt einem bei, wie man mit Engeln Freundschaft schließt, sodass diese bereit sind, ihre Hilfe uns zukommen zu lassen. Denn wir haben sie um ihre Hilfe zu bitten. Erst dann dürfen sie uns helfend zur Seite stehen. Hier werden die praktischen Schritte in einem Zehn-Punkte-Programm aufgezeigt, wie man sich mit ihnen in Verbindung setzt, sich weiterhin ihrer Hilfe vergewissert und in Zusammenarbeit mit ihnen viel Gutes für sich und andere bewirkt.

Dieses Büchlein ist nicht nur ein Ratgeber, sondern vor allem eine praktische Anleitung, seinem Leben mit Hilfe der Engel eine höhere Qualität zu geben.

128 Seiten, broschiert
ISBN 978-3-89845-049-2
€ [D] 6,95

Elizabeth Clare Prophet

Die Violette Flamme

Heilung für Körper, Geist & Seele

128 Seiten, broschiert,
ISBN 978-3-89845-089-8
€ [D] 6,95

Die Violette Flamme ist ein Licht, das allen Lebensformen dient und ihnen Achtung und Würde verleiht. Sie ist das Attribut des geheimnisvollen Grafen St. Germain, dessen Botschaften E. C. Prophet unter anderem channelt. Heiler und Alchemisten in aller Welt nutzen diese hochfrequente Energie, um Harmonie und Frieden in diese Zeit des spektakulären Übergangs in ein neues Bewusstsein zu bringen. Der Leser erhält in diesem Band unserer "Kleinen Reihe" das Rüstzeug, um mit der Violetten Flamme zu arbeiten.

Elizabeth C. Prophet & P. R. Spadaro

Alchemie des Herzens

Wer mehr liebt, wird mehr geliebt

256 Seiten, broschiert
ISBN 978-3-89845-050-8
€ [D] 6,95

In einem Fünf-Punkte-Programm wird das Herz des Lesers allmählich in eine höhere Frequenz seiner Liebesfähigkeit geführt. Anhand von Meditationen und Affirmationen lernt er, wie er sein Herz stärkt und heilt und wie er es weiterhin vor niedrigen Schwingungen schützt, bis er schließlich ganz in sein Herz eindringt. So mit der göttlichen Liebe und seinem höheren Selbst vereint, kann er sich alle Fragen, die ihn bewegen, beantworten lassen. Dieses Buch ist im wahrsten Sinne ein Herzensjuwel, auf dem Weg zu einer höheren Liebe.

216 Seiten, broschiert
ISBN 978-3-931652-59-3
€ [D] 15,90

Trutz Hardo

Reinkarnation aktuell

Kinder beweisen ihre Wiedergeburt

In diesem Buch wird berichtet, wie Kinder in überzeugender Weise über ihr vorausgegangenes Erdenleben erzählen und wie Wissenschaftler – allen voran Professor Ian Stevenson – diesen Berichten nachgehen, sie wissenschaftlich überprüfen und zu der Überzeugung kommen, dass die Angaben der Kinder richtig sind. Besonders sind solche Fälle überzeugend, in denen Kinder mit fehlenden Gliedern zur Welt kommen, jedoch genau beschreiben können, wo und wann sie diese in einem früheren Leben verloren hatten, wer ihre Eltern und Verwandten waren und wo sie gewohnt hatten. Die dann wissenschaftlich vorgenommenen Überprüfungen bestätigen genau diese Angaben.

Weiterführende Informationen zu
Büchern, Autoren und den Aktivitäten
des Silberschnur Verlages
erhalten Sie unter:

www.silberschnur.de